작가의 말

무언가를 처음 시작하는 길 위에서
우리는 늘 서투름과 설레임을 동시에 마주합니다.
이 책은 그 두 가지 마음을
함께 나누고 싶어 시작된 작은 고백입니다.
삶의 여정 속에서 지쳐 잠시 멈춘 분들에게는,
“괜찮지 않아도 괜찮다”는
속삭임이 되어 다가가기를 바랍니다.

그리고 지나온 날들의 추억을 품고 있는 분들에게는,
이 글들이 오래된 기억을 따스한 미소로
되살려 주는 순간이 되기를 소망합니다.
결국 우리는 모두 시간이라는 품에 안겨 살아갑니다.
그 시간 속에서 흔들리고, 또 기대며,
서로를 비추는 별빛 같은 존재가 됩니다.
이 책이 그러한 시간들에게 감사와 사랑을
전하는 작은 노래가 되기를 바랍니다.
부디 이 여정 속에서 당신의 하루가 조금 더 빛나기를,
그리고 우리 모두가 서로의 마음에 가만히 안겨
머무는 순간을 만나기를 진심으로 기도합니다.

2025년 9월 **표 진 구**

,

시간에게 전하는
고백

사랑, 성장, 그리고
시간에 대하여

표진구 지음

목차

제4장 길 위에서 배우는 삶

”

당신께 건네는 작은 토닥임...

시간 앞에 서면 우리는 언제나 고요히 자신을 마주합니다.
나는 누구였으며, 무엇을 사랑했고, 또 어떻게 살아가고 있는가.
그 질문은 때로 아프게 스며들지만, 결국 우리를 더 깊고 단단하게 합니다.

지나간 계절 속에는 눈물로 젖은 날들이 있었고,
희망의 빛으로 물든 웃음의 순간들도 있었습니다.
무너진 듯 보이던 마음은 다시 일어나 꽃처럼 피어났고,
그 모든 흔적은 결국 '우리'라는 이름으로 이어져 있음을 깨닫습니다.

이 책은 시간에게 올리는 저의 조심스러운 고백이자,
당신께 건네는 작은 토닥임입니다.
불완전하지만 진심 어린 마음의 기록들을 모아
한 페이지 한 페이지에 사랑과 성장의 발자취를 담아 보았습니다.

부디 이 이야기들이 당신의 마음을 포근히 어루만지며,
때로는 따스한 위로가 되고,
또 다른 순간에는 설레는 희망으로 스며들기를 바랍니다.
그리고 언젠가, 당신만의 고백을 시간에게 감사로 전하는 날이 오기를
조용히 기대해 봅니다.

제1장

처음과 다시, 시작의 순간들

,

모든 것은 시작에서 빛난다.

처음은 두렵지만, 동시에 기적이다.

불완전한 나를 믿고 내딛는 발걸음 속에서

우리는 비로소 성장한다

첫 마음이 머무는 자리

저와 아내는 같은 대학, 같은 과에서 만난 캠퍼스 커플입니다.
처음 손을 잡았을 때, 얼마나 떨리고 긴장했는지…
그날, 구름 위를 걷는다는 말이 괜한 표현이 아니라는 걸 처음 알았습니다.
하늘은 더 맑았고, 세상의 모든 것이 처음인 듯 반짝였죠.
같은 강의실에 나란히 앉던 시절,
우리가 같은 방향을 바라보기 시작한 그 순간,
저는 세상에서 가장 아름다운 것을 손에 쥔 기분이었습니다.

첫 직장에 들어선 날도 선명하게 기억납니다.
노란 회사의 벽, 낯선 동료들, 조심스러운 걸음.
모든 것이 신기했고, 세상은 온통 호기심으로 가득했죠.
그때의 저는 '내가 무엇이 될까'보다
'세상을 얼마나 바꿀 수 있을까'를 먼저 꿈꾸던 사람이었습니다.

그리고, 우리 아이들이 처음 제 눈을 바라보던 순간,
그 작은 눈동자 속 생명은 말로 다 표현할 수 없는 감동이었고,
작은 손을 내밀며 시작된 인연 앞에서
저는 그저 감사하고 또 감사할 수밖에 없었습니다.

첫 집을 장만하고 이사하던 날도 잊을 수 없습니다.
텅 빈 공간에서 마주 본 웃음,

딸아이의 귀여운 춤,
비어 있는 방을 우리 웃음으로 채웠던 날.
그 집은 따스한 봄 햇살처럼 기억 속에 남아 있습니다.

일 속에서 처음 만난 수많은 사람들,
그때마다 나는 기도했습니다.
"이 만남이 축복이기를, 이 관계가 선한 길로 이어지기를."
그 작은 인연 하나하나가 지금의 저를 만들었습니다.

생각해보면,
초심이란 감정보다 '그 마음이 머무는 자리를 잊지 않으려는 의지'인지도 모릅니다.
떨림, 벅참, 설렘, 감사함…
시간이 흘러도 그 마음은 사라지지 않습니다.
우리가 잠시 잊고 살 뿐이죠.

그래서 저는 가끔 그 처음의 자리로 돌아갑니다.
아내와 걸었던 길, 첫 출근, 아이들과의 첫 만남,
이사한 집에서의 웃음, 따뜻한 인연의 시작들…

그 모든 순간 속에는
한결같은 초심이 살아 숨 쉬고 있습니다.

오늘도, 그 마음을 놓치지 않기 위해

저는 하루를 정성껏 살아냅니다.

그게 저의 기도입니다.

다시 피는 꽃을 보며 우리를 위로하다

때로는 모든 게 끝난 것 같은 날이 있습니다.
마음은 지쳤고, 생각은 무거워지며,
어느 순간에는 자신조차 자신을 믿지 못하는 순간이 찾아옵니다.
"이젠 나도 여기까지인가 보다."
그런 생각이 조용히 마음의 문을 두드릴 때가 있습니다.

그럴 때면 마치 시든 꽃처럼,
우리도 이제 다시 피어날 수 없을 것만 같았습니다.
하지만 봄이 오고, 마른 가지에 꽃이 피기 시작하면
우리는 그 조용한 생명의 메시지에 다시 고개를 듭니다.

"보셨나요?
이토록 시들고 메마른 것조차 다시 피어나는 걸."

삶은 그런 것입니다.
슬럼프와 삶의 굴곡은 누구에게나 찾아오며,
어떤 분에게는 그것이 무너지기 직전의 마지막 순간처럼 느껴지기도 합니다.
하지만 그것은 끝이 아닙니다.
그저, 불안이라는 이름의 구름이 잠시 우리 앞을 가리고 있을 뿐입니다.

저는 믿습니다.

우리가 아직 숨을 쉬고 있다는 것.

그 자체가 하늘이 우리에게

"당신은 아직 필요합니다"라고 말하고 있는 것임을…

그 존재의 이유를, 우연이 아닌 의미로 묶어두었다는 것을…

다시 피기 위해 우리는 함께해야 합니다.

저는 한때, 제 자신이 최고라고 믿으며 살아온 적이 있었습니다.

앞만 보고 달렸고,

주변과 '같이 가는 것'을 시간 낭비라 여겼습니다.

그 열정과 고집이 작은 성공을 안겨주기도 했습니다.

하지만 머지않아

삶의 큰 시련이 찾아왔을 때,

그때야 비로소 알게 되었습니다.

혼자 달려온 길은 시련 앞에서 더 외롭고 더 버겁다는 것을…

세상은 직선으로만 가지 않습니다.

굴곡은 되레 깊이를 만들고, 멈춤은 방향을 틀게 해줍니다.

그래서 이제는 압니다.

빠른 것보다 함께 가는 것이 더 멀리 가는 길이며,

시련을 대하는 마음가짐이 결국 저를 단단하게 만든다는 것을…

그러므로,

다시 피는 꽃을 보며 우리는 서로를 위로해야 합니다.
한 번 진 꽃도 계절이 돌아오면 다시 핀다는 것,
그리고 함께 피어있는 꽃들이 더 아름답다는 사실이
얼마나 고요하고 단단한 위로인지…

숨이 쉬어지는 마지막 순간까지,
우리는 꿈을 꿔야 합니다.
그리고 그 꿈을 단 하나라도 현실로 만들기 위해
매일을 충실히 살아가야 합니다.

지금 당신이 어디에 있든, 어떤 처지에 있든,
삶은 여전히 당신을 부르고 있습니다.
그 목소리에 귀를 기울일 수 있다면,
우리는 또 한 번 같이 피어날 수 있습니다.
어쩌면 더 찬란하게, 더 깊게.

다시 피는 꽃은, 이전보다 아름답습니다.
왜냐하면 견디고 이겨낸 시간을 품고 있기 때문입니다.
우리 모두가 그러합니다…

서툴러도 좋으니 진심이길

서툴다는 것은 새로운 도전을 하고 있다는 뜻입니다.
아직 몸에 익지 않은 동작, 머뭇거리는 말, 조심스러운 발걸음 속에는
무언가를 배우고 있는, 여전히 살아 있는 증거가 숨어 있습니다.
그래서 저는 서툼을 두려워하지 않습니다.
오히려 서툼이야말로 진정한 '살아 있음'의 표지라고 믿습니다.

운전면허를 막 따고 도로에 나섰던 날을 떠올립니다.
핸들을 쥔 손에 힘이 들어가고, 시야는 끊임없이 좌우를 살피며,
차선을 바꿀 때면 온 신경이 곤두섰습니다.
그 시절의 서툼 속에는 법규를 철저히 지키려는 태도와
다른 사람을 배려하는 순수함이 고스란히 담겨 있었습니다.
실수하지 않으려고, 누군가를 방해하지 않으려고,
온 마음을 다해 주변을 의식했던 시간입니다.

저는 이 서툼을 존중합니다.
왜냐하면 서툼의 시기를 잊기 시작할 때,
우리는 경솔해지고, 방심하며, 때로는 타인을 다치게 하는 문제를 만들기
때문입니다.
익숙함이 자만으로 변하면, 삶은 부드러움 대신 거칠어지기 쉽습니다.

서툼은 우리를 서로 필요하게 만듭니다.

누군가의 도움을 받게 하고, 도움을 주게 하며,
그 과정에서 우리는 서로의 존재를 더 깊이 느낍니다.
서툼은 자신을 낮추고, 타인을 높이며,
결국 사랑으로 이끄는 가장 큰 삶의 원동력이 됩니다.

그래서 저는 오늘도 서툴고 싶습니다.
완벽하게 다 아는 듯한 얼굴보다,
아직 배우고 있는 표정으로 하루를 살고 싶습니다.
그 서툼 속에서만 느낄 수 있는 진심이 저를 살아 있게 만들고,
세상을 더 따뜻하게 만든다고 믿기 때문입니다.

우리는 모든 것이 완벽할 수 없습니다.
박사라고 해서 인생의 모든 것이 박사가 되는 것은 아닙니다.
그 지식은 아주 작은 분야에 한정되어 있을 뿐입니다.
누구에게나 서툼은 있습니다.
이것을 서로 인정하고 존중할 때,
우리 사회는 더욱 아름답고, 사랑으로 가득한 곳이 될 것입니다.

"서툼을 품을 때, 우리는 서로를 더 깊이 안게됩니다."

무엇이든 처음은 기적이었다

지나고 나면 깨닫게 됩니다.
모든 처음은 기적처럼 감사한 순간이었다는 것을…

저를 세상에 보내주신 부모님을 이 세상에서 처음 만난 일,
그분들의 삶은 온통 희생으로 가득 차 있었고,
그 사랑의 깊이를 다 알기도 전에 제 삶은 그 품에서 시작되었습니다.

무엇이 좋았는지 이유도 모른 채,
보기만 해도 웃음이 끊이지 않던 친구들과의 첫 만남,
학창 시절 함께한 순수했던 친구들과의 시간을 떠올리기만 해도 저는 기적처럼 젊어진 기분이 됩니다.

사랑스러운 아내와 처음 마주했던 순간, 그 한 번의 사랑스러운 눈맞춤이 제 인생을 송두리째 바꿔 놓았습니다.
그리고 직장에 들어가 저를 이끌어주고, 때로는 제 부족함까지 품어주셨던 상사와 동료들, 그분들의 믿음과 응원은 저를 한 발 더 나아가게 했습니다.

무엇보다, 우리 아이들이 세상에 나온 날…
그 작은 손, 작지만 힘찬 울음소리가 제 마음 깊숙이 '이 세상 모든 것을 가진 듯한' 충만함을 안겨주었습니다.

사회에서 만난 수많은 고마운 분들, 때로는 길에서 스쳐 지나간 작은 친절마저 지나고 보니 모두 기적이었습니다.

하늘은 제가 오만해질 때면 꼭 시련을 안겨주셨습니다.
그리고 그 시련이 저를 다시 겸손하게 만들면,
어김없이 또 다른 '기적 같은 시작'을 선물해 주셨습니다.

그래서 저는 압니다.
무엇이든 처음은 기적이었습니다.
그리고 그 기적은, 겸손과 감사 속에서만 다시 찾아온다는 것을…

"기적은 준비된 마음 위에만 피어납니다."

불완전한 나를 믿기로 했다

저는 한동안 완벽해지고 싶었습니다.
흠 없는 사람, 실수 없는 삶, 누구에게나 인정받는 모습.
하지만 완벽에 다가가려 할수록,
저는 저를 더 미워하게 되었습니다.

세상은 끊임없이 저를 비교하고,
저는 그 기준에 맞추느라 지쳐갔습니다.
조금만 부족해도, 조금만 느려도
스스로를 책망하고, 마음 한구석이 쓸쓸해졌습니다.

그러던 어느 날, 문득 깨달았습니다.
제가 사랑해온 사람들은 완벽해서가 아니라,
불완전함 속에서 빛났다는 것을.
허술하지만 진심이었던 말,
서툴지만 다가오던 손길,
그 모든 것이 완벽보다 아름다웠습니다.

불완전함을 자각하는 순간이
저의 성장의 시작임을 저는 수없이 깨달았습니다.
새로운 제품을 개발하고 마케팅을 시작할 때마다,
그 출발점은 늘 저와 우리의 불완전함이었습니다.

이를 극복하기 위해서는 겸손해야 했고,
기존보다 몇 배의 노력이 필요했습니다.
그 노력은 시간이 흐를수록
새로운 저를, 새로운 우리를 만들어냈습니다.

고객을 국내에만 머무르지 않고
해외로 넓히기 위해 소통의 부족함을 자각했고,
고객과 깊은 마음속 대화를 원해 여러 언어도 혼자 독학했습니다.
골프를 포함한 취미가 없던 시절이 있었지만,
여러 언어를 공부하면서 여러나라의 문화와 문학에 관심을
가지게 되었고 독서와 글을 쓰고,
삶을 깊이 사유하는 저만의 취미를 가지게 되었습니다.
또한 고객을 만나기 전에는
저의 불완전함을 보완하기 위해 시나리오를 작성하고,
질문과 답을 미리 준비하며 부족함에 대응했습니다.
그리고 하루의 목표를 세웠습니다.
"오늘은 내가 모르던 것 5개를 배우고, 더 나은 방안을 5개 찾자."
이 단순하지만 꾸준한 목표가
저를 나이와 상관없이 성장시키는 원동력이었습니다.

삶은 자신의 불완전함을 인식하고 그것을 극복하려 실행할 때 비로소 의미가 생깁니다.
가끔 이를 망각하고 자만에 빠질 때, 성장은 멈추고 시련이 찾아왔습니다.
그래서 저는 결심했습니다.

저의 열정을 불러오는 저의 불완전함을 사랑하기로…

“불완전함은 우리를 작게 만들지 않습니다.
그것은 우리를 더 성장하게 합니다.”

선택의 갈림길에서

동이 트는 순간의 나와 해가 저무는 순간의 나는 같은 존재입니다. 그러나 같은 하루 안에서도 마음은 달라집니다. 아침의 어떤 분은 희망으로 하루를 열고, 또 다른 분은 불안 속에서 첫걸음을 뗍니다. 저녁 무렵, 어떤 분은 아쉬움으로 고개를 떨구고, 또 다른 분은 무사히 버틴 하루에 안도하거나, 성장한 하루에 만족합니다. 똑같은 하루이지만, 시작과 끝의 빛깔은 다릅니다. 그 차이는 결국 우리가 내린 선택에서 비롯됩니다.

세상은 끊임없이 선택을 요구합니다. 머릿속에는 서생(書生)같은 이상을 품고 있지만, 발걸음은 상인처럼 현실의 무게를 감당해야 합니다. 괴테는 말하였습니다.
"이상은 별과 같아서 손에 잡을 수는 없지만, 항해의 길을 밝혀준다."
현실의 굴곡은 때로 이상을 미루게 만들고, 실리를 위해 한 발 멈춰야 할 때도 있습니다. 그러나 멈춤은 포기가 아닙니다. 방향만 잃지 않는다면, 지연은 곧 과정일 뿐입니다.

사랑하는 분을 위해 잠시 자신의 의지를 굽히는 것은 인간적인 선택입니다. 그러나 사랑 때문에 이상을 포기해서는 안 됩니다. 왜냐하면 그 이상이 꺾일 때, 사랑조차 훗날 원망으로 변할 수 있기 때문입니다.

더 깊이 생각해 보면, 우리는 누구나 '자아'라는 삶을 선물 받은 존재입니다. 이 삶은 한시적이지만, 바로 그렇기에 더욱 소중합니다. 인간은 자신의 의미를 확장하기 위해 끊임없이 연구하고 공부하여야 합니다. 그 과정에서 생겨난 목표는 실행으로 이어져야 하며, 현실의 벽 앞에서도 방향을 잃지 않아야 합니다.

우리는 홀로 존재하는 듯 보이지만, 결국 서로의 삶과 맞물려 있습니다. 그러므로 상생이라는 사랑의 근간 위에서 실리를 추구하며 나아가는 것이 필요합니다. 그렇게 살아가는 발걸음이 모여 세상은 성장하고, 또 진화합니다.

삶의 끝자락에서 우리가 스스로에게 던질 질문은 단순합니다.
"나는 나의 길을 걸었는가?"

이상과 현실 사이의 균형은 언제나 어렵습니다. 그러나 끝내 포기하지 않은 이상, 사랑을 잃지 않은 방향성, 그리고 서로를 살리는 상생의 의지가 우리를 지탱하는 마지막 등불이 됩니다.

어느 날, 전부를 걸고 싶던 순간

그날 오후, 햇살은 유난히 따뜻했고, 제 마음은 묘하게 벅찼습니다.
모든 것을 걸어야 할지, 아니면 다른 길을 선택해야 할지
갈림길에 서 있던 순간이었습니다.

머릿속에는 계산이 가득했습니다.
이 길을 가면 얻을 수 있는 것,
그리고 잃을 수 있는 것.
손익을 따지는 마음 한편에서
묘하게도 '그래, 이 길이야'라는 목소리가 들려왔습니다.

그 목소리는 이성보다 직관에 가까웠습니다.
어쩌면 확신이라기보다,
다시 오지 않을 지금이라는 '기회'에 대한 직감이었습니다.
모든 것을 걸어도 좋을 만큼,
그만한 열정이 제 안에서 끓고 있었습니다.

돌아보면, 제 인생에는 이런 중요한 갈림길이 참 많았습니다.
부모님께서는 제가 신부가 되기를 바라셨고, 저 역시 한때 성직자의 길을
진지하게 고민했지만
본당 신부님과의 대화 속에서 그 길을 포기해야만 했습니다.
그 후 여러 갈림길에서 전혀 다른 물리학을 공부했고,

대학 졸업 즈음에는 '안정'을 택할 것인지, '도전'을 택할 것인지의 선택 앞에 섰습니다.

교수님께서는 작은 회사였지만 우리나라에서 처음 시도하는
화합물 반도체 분야로 나아가길 권유하셨고,
저는 그 길에서 많은 배움과 즐거움을 누렸습니다.
이후 또 한 번,
도파로 기반의 광회로가 미래를 이끌 것이라는 판단 아래
그 길을 선택했고, 그것 또한 탁월한 결정이었습니다.

이 모든 순간은 갑작스럽게 다가왔지만,
돌이켜보면 훌륭한 결정들이었습니다.
삶은 선택의 연속이며,
그 선택의 기준은 늘 '저의 성장'과 '세상에의 기여'였습니다.
그리고 중요한 선택의 순간들은
대개 많은 이성이 아니라, 가슴 깊은 곳에서 들려오는 감성으로 이루어졌습니다.

그래서 저는 압니다.
그날 오후 제가 결정을 내린 순간,
그건 단순한 도전이 아니라 신의 축복이었다는 것을.
그리고 지금도 저의 선택은 계속되고 있으며,
그 기준은 세상을 더 사랑할 수 있는 감성입니다.

"전부를 걸어야 할 순간은,

이성이 아니라 마음이 알려줍니다."

시작이라는 이름의 불안

삶에서 가장 떨리는 순간은 언제나 '처음'이라는 이름을 달고 찾아옵니다. 새로운 길목에 서는 일은 늘 설렘과 두려움이 함께 어깨를 나란히 하지요. 우리는 흔히 시작을 찬란한 가능성의 시간으로 기억하지만, 그 이면에는 어김없이 불안이 그림자처럼 드리워져 있습니다.

저에게도 그런 순간이 있었습니다. 처음 아내와 영화를 보러 갔던 날, 마음은 기대보다 불안으로 더 가득 차 있었습니다. 혹시 손을 잡는 것을 거부하지 않을까, 제가 너무 앞서가고 있는 것은 아닐까. 영화 상영 내내 주머니 속 손바닥은 땀으로 젖어 들었고, 화면에 흐르는 장면보다 제 내면의 망설임이 더 선명하게 다가왔습니다. 그러나 끝내 영화가 끝날 무렵 용기를 내어 그녀의 손을 잡았고, 바로 그 순간부터 저희의 인연은 부부라는 이름으로 이어지기 시작했습니다. 돌아보면, 그날의 불안이 없었다면 그 손길은 그저 평범한 스침이었을지도 모릅니다.

첫 직장 생활을 시작했을 때도 상황은 크게 다르지 않았습니다. 새로운 사람들과의 만남, 책임이 따르는 업무, 실수하지 않을까 하는 두려움은 설렘을 앞지르고 늘 마음 한구석을 무겁게 눌렀습니다. 그러나 아이러니하게도 그 불안은 저를 겸손하게 만들었고, 같은 실수를 반복하지 않기 위해 더 깊이 공부하며 저 자신을 단련하도록 이끌었습니다. 결국 불안은 저를 지켜주는 안전벨트이자 앞으로 나아가게 하는 추진력이 되어주었습니다.

심리학에서는 불안을 단순히 약점이 아니라 “다가올 가능성에 대한 경계심”이라고 정의합니다. 그것은 위기를 예측하고 스스로를 준비시키는 본능적 신호입니다. 결국 불안이란 저를 지키고 성장으로 이끄는 은밀한 동반자인 셈입니다.

생각해보면, 저희 인생에서 기억할 만한 장면들은 언제나 불안과 함께 시작되었습니다. 사랑의 첫 고백, 낯선 도시로의 이주, 새로운 직장에서의 첫 인사, 아이를 품에 안은 첫날. 그 순간마다 불안은 저를 움츠리게 했지만 동시에 간절하게 만들었고, 그 간절함은 결국 삶을 한층 뜨겁게 살아내도록 하였습니다.

저는 이제 시작의 불안감을 두려워하지 않습니다. 오히려 그것을 좋아한다고 말씀드릴 수 있습니다. 불안이 있다는 것은 제가 여전히 살아 있다는 증거이고, 더 멀리 나아가고 싶다는 갈망이 있다는 의미이기 때문입니다. 그 불안 덕분에 관계는 더 단단해지고, 배움은 더 깊어지며, 삶은 더욱 단정하게 다듬어집니다.

시작은 결코 완벽할 수 없습니다. 서툴고 불완전한 발걸음이기에 오히려 더 진실합니다. 불안을 없애려 하기보다 불안을 품은 채 내딛는 용기, 그것이 바로 모든 여정의 출발점입니다. 그리고 그 출발의 순간들이 쌓여, 결국 저희의 인생을 빚어내는 것입니다.

미완의 설렘

가끔 저는 지나온 시간 속에서 선택의 갈림길에 섰던 순간들을 떠올립니다. 그리고 그때 다른 길을 택했다면 어땠을까 하는 상상을 하며 묘한 설렘에 젖곤 합니다. 어린 시절 신부님이 되겠다는 꿈을 품고 성당에 매일 나가던 기억이 있습니다. 미사에 함께하던 친구들, 그들과 나누었던 웃음소리와 작은 약속들이 지금도 제 마음속에 아련히 남아 있습니다. 비록 그 길을 끝내 가지는 못했지만, 그 미완의 길이 제 마음에 설렘을 남겨주었습니다.

고등학교를 졸업한 이후 친구들은 각자 다른 직업과 다른 지역에서 삶을 살아가고 있습니다. 그러나 지금도 가끔 만나면, 우리는 어느새 다시 고등학교 시절로 돌아간 듯 편안하게 대화를 나눕니다. 격식 없는 농담, 어린 시절의 눈빛과 웃음이 그대로 이어지는 순간, 저는 그 '멈춰진 시간' 속에서 미완의 설렘을 느낍니다. 오래 만나지 못했음에도 불구하고 관계는 끊어지지 않고, 오히려 그 불완전한 간격이 만남을 더욱 특별하게 만드는 것 같습니다.

직장에서 만났던 동료들 역시 마찬가지입니다. 이직과 변화 속에서 서로 멀어졌지만, 가끔 떠오르는 그들의 얼굴과 웃음은 여전히 따뜻하게 마음을 흔듭니다. 지나간 인연, 완전히 닫히지 않은 관계 속에는 언제나 '미완의 설렘'이 숨어 있는 듯합니다.

철학자 키르케고르는 "인생은 거꾸로 이해되고, 앞으로 살아가야 한다"고 말했습니다. 지나간 시간은 현재에 와서 비로소 의미를 얻습니다. 그 의미는 종종 완성된 사건에서가 아니라, 이루지 못한 순간, 끝나지 않은 이야기에서 더 크게 드러납니다. 또한 프로스트의 시 「가지 않은 길」이 말해주듯, 우리는 늘 가지 않은 길을 동경합니다. 그 길이 실제로 더 나은 길이었는지는 중요하지 않습니다. 중요한 것은 '다른 가능성'이 존재했다는 사실이 우리에게 설렘을 준다는 점입니다.

심리학에서도 '미완의 과제(Zeigarnik effect)'라는 현상을 말합니다. 끝내지 못한 일일수록 기억 속에 더 오래 남는다는 것입니다. 관계도, 꿈도, 길도 마찬가지입니다. 완성된 순간은 평온을 주지만, 미완의 순간은 마음 속에서 되살아나며 끊임없이 새로운 감정을 불러일으킵니다.

저는 삶 속에서 만났던 많은 인연들, 그 미완의 얼굴들, 그리고 미소들을 떠올리며 때로는 마음속으로 안부를 전합니다. 비록 직접 만나지 못하더라도, 기억 속에서 다시금 웃을 수 있다면 그것만으로 충분하다고 생각합니다. 미완의 설렘은 끝남이 아니라 살아 있음의 증거입니다. 그리고 그것이야말로 우리를 내일로 향하게 하는 가장 따뜻한 힘일지도 모릅니다.

그래서 오늘, 조심스레 인사드립니다.
삶에서 스쳐 지나갔던 모든 미완의 인연들에게~
부디 늘 미소 짓는 하루 되시기를...
그리고 어쩌면 우리 모두가 살아가는 이 미완의 삶 속에서, 같은 시간을 누리고 있는 모든 인연들에게도 인사드립니다.
부디 늘 설렘을 지으며 살아가시기를 바랍니다.

내 안을 걷는 작은 발자국

처음의 설렘은 언제나 눈부십니다. 새로운 문을 열고 들어서는 순간, 세상은 마치 저를 기다리기라도 했다는 듯 환하게 펼쳐집니다. 낯선 공간, 낯선 사람, 낯선 공기조차도 그 순간만큼은 특별한 의미를 품습니다. 가슴은 두근거리고, 발걸음은 경쾌하며, 마치 저도 새롭게 태어난 것 같은 착각에 빠지기도 합니다.

그러나 그 모든 반짝임이 잠시 머문 뒤에는, 조용히 저를 불러내는 시간이 찾아옵니다. 설렘이 지나간 자리에 남겨지는 것은 단순한 공허가 아니라, 오히려 제 안을 깊이 들여다보라는 신호입니다. 세상의 무대 위에 서기 위해서는 먼저 제 안의 관객을 마주해야 한다는 듯, 작은 목소리가 제 안에서 걸음을 옮기기 시작합니다.

그 작은 발자국은 조심스럽습니다. 남에게 들키지 않으려는 아이처럼, 혹은 오래 묻어둔 상자를 열어보는 사람처럼 서툽니다. 그러나 그 발자국이 이어질수록 저는 비로소 내가 누구였는지, 무엇을 원했는지, 어디로 가고자 하는지를 조금씩 알게 됩니다.

처음에는 외부에서 얻은 경험이 단순한 사건으로만 다가옵니다. 새로운 사람과의 만남, 낯선 풍경, 예상치 못한 기회들. 그러나 시간이 지나면 그것들은 내 안에서 언어로 변합니다. 마치 흩어진 꽃잎이 바람 속에서 모여 하나의 향기를 이루듯, 경험은 내면의 기억과 결합하여 새로운 의미를 만들어냅니다. 그 의미가 바로 저를 다시 쓰는 문장이 됩니다.

작은 발자국이 내 안을 걸을 때, 나는 나 자신과 대화합니다.
“너는 왜 그렇게 두려워했니?”
“그때의 미소는 진심 이었니, 아니면 가면이었니?”
“네가 원하는 길은 아직 저기 멀리 있는 것이 맞니?”

이 물음들은 때로는 아프게 다가오지만, 결국은 제 안을 단단하게 만드는 힘이 됩니다. 설렘이 일으킨 파문이 제 안에서 천천히 가라앉으며, 진짜 저의 목소리가 조금 더 선명해지는 것입니다.

저는 알게 됩니다. 시작은 외부에서 오지만, 그 시작을 제 것으로 만드는 과정은 오직 내 안에서만 완성된다는 사실을. 외부의 빛이 제 마음을 두드리면, 그것은 언젠가 제 안의 빛으로 번져 저를 움직이는 길잡이가 됩니다.

작은 발자국은 아직 느리고 서툴지만, 그것이 이어질 때마다 저는 새로운 저로 자라납니다. 언젠가 그 발자국들이 모여 하나의 길이 되고, 그 길 위에서 저는 또다시 새로운 설렘을 맞이할 준비를 하게 되겠지요.

그러니 저는 조용히 기다립니다. 제 안에서 들려오는 발자국 소리에 귀 기울이며, 그 발자국이 어디로 향하는지 지켜봅니다. 그것은 남의 시선에 보이지 않는 길이지만, 저를 가장 멀리 데려다 줄 유일한 길이니까요.

그리고 그 길 위에서 저는 알게 됩니다.

작은 발자국이 결국 빛을 품은 언어가 되어, 또 다른 시작으로 저를 이끌리라는 것을.

제 안을 걷던 그 소리가 언젠가는 세상을 향한 울림이 되어 퍼져 나가리라는 것을…

1월의 첫 마음

1월의 공기는 한 해 중 가장 차갑지만, 동시에 가장 맑습니다. 새벽의 공기 속에서 들리는 숨소리와 발자국 소리는 마치 세상이 조용히 숨을 죽인 듯한 순간을 만들어 줍니다. 겨울 나무들이 잠든 채로 기다리고 있는 풍경 속에서, 한 해의 첫 마음을 조심스레 꺼내어 봅니다.

새해가 밝으면 늘 마음속에 작은 설렘이 깃듭니다. 마치 눈 내린 들판 위에 첫 발자국을 남기는 아이처럼, 제 마음속 사랑과 희망의 씨앗을 조심스레 심습니다. 지나간 시간의 무게를 잠시 내려놓고, 새로운 날들이 펼쳐질 수 있다는 가능성을 마음속에 그려봅니다.

이 첫 마음은 단순한 결심이 아닙니다. 그것은 아직 피어나지 않은 꽃봉오리처럼, 보이지 않는 곳에서 부드럽게 자라날 준비를 하는 사랑의 씨앗입니다. 오늘의 작은 친절, 따뜻한 미소, 감사의 말 한마디가 제 마음속 씨앗에 물을 주는 순간이 됩니다. 그렇게 조금씩, 제 자신과 주변의 분들에게 새로운 사랑과 기쁨을 나눌 준비를 합니다.

새해의 인사는 단순한 형식이 아닙니다. 그것은 새해의 자신에게, 그리고 지금의 자신에게 보내는 작은 약속입니다. “저는 올해도 마음을 다해 살아가겠습니다. 오늘을 사랑하며, 제 안의 사랑을 나누겠습니다.” 한 해의 시작을 이렇게 조용히 마음속으로 되뇌며, 또 다른 하루를 기대합니다.

첫 마음을 지킨다는 것은 쉬운 일이 아닙니다. 추운 바람 속에서 마음이 흔들리고, 때로는 희망보다 두려움이 먼저 손을 잡을 때도 있습니다. 그러나 1월의 아침처럼 맑은 마음을 떠올리면, 다시금 마음속 씨앗을 보듬게 됩니다. 작은 용기, 작은 설렘, 그리고 조용히 속삭이는 사랑의 마음이 모여 결국 한 해를 환하게 밝혀줄 것을 믿습니다.

그래서 오늘도 1월의 첫 마음을 꺼냅니다. 새해의 설렘과 인사를 담아, 마음속 사랑의 씨앗이 더욱 튼튼하게 뿌리내릴 수 있도록 노력합니다. 바람이 차가워도, 햇살이 부족해도, 마음속 작은 정원을 가꾸며 조심스레 한 해를 맞이합니다. 그렇게 1월은 새로운 시작이자, 사랑과 희망이 싹트는 계절이 됩니다.

2월의 속삭임

2월의 겨울은 아직 차갑습니다. 창밖으로 불어오는 바람은 뺨을 스치며 작은 얼음결을 남기지만, 그 차가움 속에서도 마음은 묘하게 따뜻합니다. 차가운 공기와 함께 깔린 정적 속에서, 저는 창가에 앉아 조용히 숨을 고릅니다. 세상의 모든 소음이 잠시 멀어지고, 겨울의 고요만이 제 마음을 감싸는 순간입니다.

눈이 내리는 풍경을 바라보며, 마음은 잔잔히 흔들립니다. 흩날리는 눈송이는 마치 제 마음속 작은 감정들을 하나하나 일깨우는 듯합니다. 그 속에서 사랑과 그리움, 설렘과 감사가 조심스레 스며들고, 저는 그것들을 온전히 느낍니다. 사랑은 화려한 말과 눈부신 순간 속에서만 존재하지 않습니다. 겨울 창가의 차가운 유리창을 통해 비치는 햇살처럼, 아주 작은 순간에도 서서히 스며들며 마음을 채워 줍니다.

조용히 손에 든 따뜻한 차 한 잔을 바라보면, 마음속 속삭임이 더욱 선명해집니다. "여기, 당신의 마음은 안전합니다. 당신이 느끼는 모든 따뜻함과 설렘을 소중히 여기십시오." 때로는 지난날의 외로움이 떠오르기도 합니다. 그러나 그 외로움조차도 오늘의 따스함과 설렘을 더욱 깊게 만들어 줍니다. 사랑은 완벽하지 않아도 좋습니다. 조금 어설프고, 조금 서툴러도, 조용히 마음을 내어주는 순간이 사랑의 시작이 됩니다.

겨울 창가는 시간을 느끼게 합니다. 하루가 느리게 흘러가고, 겨울의 끝이 가까워진다는 것을 깨닫게 합니다. 창밖의 나무들은 여전히 잠들어 있지만, 그 속에 담긴 삶의 흔적은 여전히 살아 숨 쉽니다. 저는 창밖을 바라보며 지금 이 순간의 감정을 마음속에 담습니다. 사랑의 속삭임은 그렇게 조용히 퍼져 제 마음 깊은 곳까지 닿습니다.

이 속삭임은 차가운 겨울을 넘어 제 안에서 작은 빛이 됩니다. 겨울의 냉기를 뚫고 서서히 피어나는 감정, 말없이 전해지는 마음의 따스함, 그것이 제 마음속 사랑의 씨앗입니다. 이 씨앗은 언젠가 봄의 햇살 속에서 꽃을 피울 준비를 하고 있습니다. 창가에 앉아 저는 그 씨앗을 보듬으며 조용히 미소 짓습니다.

2월의 겨울 창가에서 속삭이는 마음은 눈에 보이지 않아도 분명 존재합니다. 따뜻한 감정, 설렘, 그리고 조심스러운 사랑의 말없는 속삭임. 그것은 겨울의 차가움을 넘어 마음을 채우고, 제 안의 공간을 은은하게 밝힙니다. 오늘도 저는 그 속삭임에 귀 기울이며, 겨울 속에서 피어나는 사랑의 순간을 마음 깊이 간직합니다.

그리고 이 순간, 저는 알게 됩니다. 조용한 겨울 창가의 한쪽 자리에서, 작은 감정을 소중히 품고 바라보는 시간만으로도 사랑은 충분히 자라고 있다는 것을. 바람이 차가워도, 눈이 내려도, 마음속 속삭임은 결코 얼어붙지 않습니다. 오히려 그 차가움 속에서 더욱 단단히 뿌리내리며, 따스함으로 내 하루를 채워줍니다.

2월의 창가, 겨울의 고요, 그리고 마음속 속삭임. 이 모든 것이 모여 제 안의 작은 정원을 이루고, 그 정원에서 사랑은 조용히, 그러나 확실히 피어납니다. 오늘도 저는 그 사랑의 씨앗을 바라보며, 제 마음 깊이 속삭입니다. “당신은 충분히 사랑받고 있습니다. 당신이 느끼는 모든 따뜻함은 의미가 있습니다.” 그렇게 겨울은 여전히 차갑지만, 제 마음은 따스하게 빛납니다.

제2장

나를 읽는 시간, 내 안의 불빛

성장은 밖에서 오는 것이 아니라,

내 안을 들여다보는 조용한 시간에서 시작된다.

스스로를 위로하고 믿을 때,

내면의 불빛은 더 깊이 빛난다.

땀과 눈물로 쓴 이름

저는 자아가 형성되던 순간부터
저 자신이 부끄럽지 않게 살아가려 최선을 다해왔습니다.
배움의 시기에는 더 많은 배움을 얻기 위해,
일의 자리에서는 더 큰 가치를 남기기 위해
한 걸음, 한 걸음을 저 자신을 다그치며 걸었습니다.

처음에는 그것이 세상과의 경쟁이라 믿었습니다.
그러나 50대에 들어서야 알았습니다.
제가 싸우고 있던 상대는 세상이 아니라 바로 저 자신이었다는 것을...
그때부터 저의 땀은 세상의 평가를 위한 것이 아니라
스스로의 만족과 확신을 위한 것이 되었습니다.

하지만 저 자신의 생존을 위해 흘리는 땀은 달랐습니다.
그 땀은 어느새 눈물로 변했고,
그 눈물 속에서 저는 제 모습이 초라하게 느껴졌습니다.
삶의 목표와 미션을 잃은 하루는
그저 숨만 쉬는 하루였고,
그 공허함은 무의미함으로 채워졌습니다.

경제적 자유의 유혹에 빠진 적도 있었습니다. 그러나 곧 자각했습니다.
경제적 자유를 얻어 하루하루를 편히 보내는 삶이 과연 행복일까?

사회에 아무런 공헌도 하지 않은 채, 그저 주어진 공간에서 먹고 자며 지내는 삶은
혹시 조물주의 손길 아래 길러지는 애완견의 삶과 다르지 않은 것은 아닐까?

그래서 저는 확신합니다.
삶은 그저 '살아지는' 것이 아니라 '살아내야' 하는 것이라고…
비록 경제적 자유를 잃고 더 많은 땀과 눈물을 흘려도 좋습니다.
세상과 공감하며 삶을 같이하는 것으로 최고의 의미가 부여됩니다.
저의 땀과 눈물은 저만을 위해 흘려서는 안 되며,
제 삶을 함께하는 모든 분들에게도 닿아야 합니다.
사랑과 인류 공영의 목적을 잃은 땀과 눈물은
그저 말라붙은 삶의 자국에 불과합니다.

오늘도 저는 저 자신에게 다그칩니다.
저는 세상의 진화를 위해 존재하며,
그 속에서 가치 있는 이름을 써 내려가야 한다고…
그 이름이 화려하지 않아도 괜찮습니다.
왜냐하면, 세상을 향한 땀과 눈물로 빚어진 제 삶 자체가
곧 '저'라는 이름의 증거이기 때문입니다.

우리의 이름이 세상 어딘가에서 조용히 불릴 때,
그 순간이 곧 우리가 살아냈다는 가장 깊은 증언이 될 것입니다.

우리의 땀과 눈물이 있는 한, 우리의 계절은 생동감 넘치는 여름이고 한낮입니다.

조용히 나를 읽는 시간

저는 명상을 좋아합니다.
명상은 제 내면과 나누는 가장 깊은 대화입니다.
누구도 저 대신 저를 완전히 만족시켜 줄 수 없고, 누구도 저의 빈틈을 온전히 위로해 주실 수 없습니다.
그래서 저는 스스로에게 귀 기울입니다.

욕망이 만든 감정의 쓰레기를 하나씩 비워내며,
그 빈자리에 미움과 원망 대신 사랑과 감사로 채웁니다.
그러면 신기하게도, 제 안은 다시 미래를 향한 에너지로 충만해지고,
다가올 시간을 더 아름답게 맞이할 준비가 됩니다.

매일 몸의 청결과 상쾌함을 위해 샤워와 목욕을 하듯,
저는 매일 명상으로 마음과 영혼을 씻습니다.
세상을 사랑으로 바라보고,
주변 인연들에 감사함을 느끼는 그 순간은
제가 저에게 주는 가장 큰 선물입니다.

살다 보면, 선의를 행하고도 오해를 사거나,
인정은커녕 미움을 받을 때가 있습니다.
그럴 때에는 세상의 어떤 위로보다
스스로가 자신에게 건네는 위로가 필요합니다.

자존감은 이렇게, 자신과의 끊임없는 대화 속에서 천천히 단단해집니다.

그래서 오늘도 저는 저를 읽습니다.
세상을 향한 불필요한 욕심을 내려놓고,
주어진 시간 속에서 만난 인연과 사랑을 나누자고,
그 대가나 보상은 바라지 말자고,
내가 나에게 주는 보람과 평화의 선물만으로 충분하다고 다짐합니다.

조용히 저를 읽는 이 시간은,
세상이 아닌 제가 저를 살리는 시간입니다.
그 불빛은 언제나 제 안에서 시작되며,
저는 그 빛을 따라 오늘도 한 걸음 더, 저다운 길을 걷습니다.

내가 나에게 선물하는 광복

오늘은 특별한 날입니다.
대한민국이 일제의 굴레에서 벗어난 지 80주년이 되는 날입니다.
이 의미 앞에서 저는 잠시 걸음을 멈추고, 깊은 생각에 잠깁니다.

일제강점기의 무거운 그림자를 직접 견뎌내신 부모님께서는
여전히 우리 4남매와 함께 이 땅의 햇살을 누리고 계십니다.
부모와 자식으로 맺어진 끈은 곧 민족이라는 더 큰 고리로 이어지고,
그 고리는 세대와 세대를 넘어 오늘 제 가슴속에서 맥박칩니다.

저는 배타적이고 우월을 앞세운 민족주의를 경계합니다.
그러나 가풍을 지키듯 전통을 품고,
순수한 미덕으로 타 민족과도 선하게 나누는 마음은
얼마나 귀한지 잘 알고 있습니다.
우리 민족이 지켜온 그 정신은 오래전부터
'홍익인간'이라는 단어로 불려왔습니다.

광복절 아침, 저는 그 말을 마음속에 새깁니다.
세상 사람을 널리 이롭게 하려면
먼저 자신이 그만한 자질을 갖춘 사람이 되어야 합니다.
더 많은 사랑을 품고,
더 깊은 배려를 익히며,

세상을 이롭게 할 수 있는 새로운 기술과 지혜를 향해 나아가야 합니다.

그리고 언제나 낮은 곳에서

조용히 살아가는 약자의 편이 되어야 합니다.

이 다짐은 어쩌면

이기적 욕망에 매여 있던 저에게 내려진

작은 해방 선포일지도 모릅니다.

그렇게 오늘,

저는 저 스스로에게 광복을 선물합니다.

익어가는 것은 느려도 깊다

익어감에는 시간이 필요합니다.
시간은 단순한 흐름이 아니라, 방향과 맥락 속에서 의미를 완성합니다. 세상은 속도를 강조하지만, 결국 깊이를 남기는 것은 올바른 방향성 위에 쌓아 올린 꾸준한 걸음입니다.

저는 작은 회사에 몸담으며 두 번의 코스닥 상장을 경험했습니다.
첫 번째는 1999년 말, 화합물 반도체를 기반으로 한 상장이었습니다. 당시 우리는 화합물 반도체의 잠재력에 주목했습니다. 이 소재는 실리콘으로는 한계가 있는 영역, 즉 고주파 초고속 전자소자와 와이드 밴드갭 기반 고전압 전력소자에서 탁월한 가능성을 품고 있었습니다. 우리는 그 가능성을 앞당기고자 다양한 광반도체, 고주파 전자소자, 고전압 전력소자를 기획하고 서둘러 시행했습니다.

그러나 시장은 준비되어 있지 않았습니다. 2000년대 초반, 세계는 아직 초고속 전자소자와 와이드 밴드갭 전력소자의 필요성을 절실히 느끼지 못했습니다. 기술의 방향은 맞았지만, 수요의 시계와는 어긋나 있었습니다. 그것이 바로 시장과 기술의 격차였습니다. 하지만 25년이 지난 지금, 그 격차는 역설적으로 옳음을 증명하고 있습니다. 오늘날 화합물 반도체 기반의 고주파 소자와 고전압 전력소자는 5G · 6G 통신, 전기차, 신재생에너지, 데이터센터 등에서 더 이상 선택이 아닌 필수 기술로 자리 잡았습니다.

2019년, 저는 두 번째 상장을 경험했습니다. 이번에는 광소자와 전자소자가 광도파로 기반에서 집적화되는 포토닉 집적회로(Photonic IC, PIC)에 도전장을 던졌습니다. 포토닉 IC는 전자와 광의 경계를 허물며, 초고속·초저전력·초집적화를 동시에 가능케 하는 미래의 핵심 플랫폼입니다. 그러나 이 역시 시장의 요구가 성숙되기까지는 시간이 필요했습니다. 오늘의 시장은 여전히 포토닉 IC를 실험적으로 받아들이는 단계에 머물러 있습니다. 하지만 저는 확신합니다. 언젠가 이 기술은 필수적 기반으로 인식될 것이며, 누군가는 그 기회를 통해 새로운 성공 신화를 써 내려갈 것입니다.

여기서 제가 배운 것은 단순합니다.
성급한 속도보다 중요한 것은 올바른 방향성입니다. 방향이 옳다면, 느림은 결코 낭비가 아닙니다. 오히려 묵묵히 시간을 견디고, 주변과 소통하며, 공감을 바탕으로 천천히 단계를 넘어가는 분만이 결국 그 과실을 수확할 수 있습니다.

기술은 홀로 자라지 않습니다. 시장과 사회, 사람들의 필요와 공감 속에서 천천히 익어갑니다. 그 성숙은 더디지만, 그만큼 깊고 단단합니다. 세상이 진정으로 필요로 하는 순간이 오면, 준비해온 분에게 열매는 반드시 주어집니다.

그러므로 저는 다시 말씀드립니다.
익어가는 것은 느려도 좋습니다. 깊게 뿌리내린 것은 언젠가 반드시 빛을 보게 됩니다.

따스함은 마음에서 시작하여 태도로 보여진다

저는 오랫동안 따뜻함을 온도의 문제로만 생각했습니다. 겨울날 방 안을 데워주는 난방기구, 차가운 손을 녹여주는 커피잔, 햇볕 가득한 오후 같은 것들을 떠올리면서 말입니다. 그러나 살아오면서 알게 되었습니다. 따뜻함은 단순히 기온의 높고 낮음이 아니라, 결국 사람의 태도에서 비롯된다는 사실을 말입니다.

한 번 더 물어봐 주는 관심,
기다려주는 인내,
서툰 마음을 탓하지 않고 끌어안아 주는 여유,

이런 것들이야말로 가장 큰 온기를 품고 있었습니다.

기억 속에 남는 순간도 그렇습니다. 차가운 겨울바람 속에서도 누군가 건네준 따뜻한 미소는, 어떤 난로보다도 오래도록 저를 데워주었습니다. 반대로 아무리 온도가 높아도 무심한 태도 속에서는 서늘한 외로움이 스며들었습니다.

저의 아이가 어렸을 때, 그릇된 행동을 하기에 말로 깨우치려다 문득 "이러다 잔소리로 들리면 안 되는데" 하고 생각하며 아이의 얼굴을 바라본 순간이 있었습니다. 그때 저도 모르게 눈물이 흘렀습니다. 아무 말도 전하지 못했지만, 아이는 그 눈물 속에 담긴 마음을 알아주었습니다. 따스함은 이렇듯 지식이나 말로 전해지는 것이 아니라, 사랑하는 마음에서 시작하여 태도로 드러나는 것이었습니다.

예전에 회사에서 불량이 발생하여 고객이 크게 화가 난 적이 있었습니다. 회의 도중 고객께서 이번 문제로 겪은 어려움을 토로하던 순간, 영업부의 한 여직원이 눈물을 글썽이며 진심 어린 사과를 전했습니다. 그 순간 분위기는 달라졌습니다. 고객은 차갑던 태도를 누그러뜨렸고, 모두가 함께 문제 해결을 위한 대책을 신속히 마련했습니다. 문제를 일으킨 부서도 재발 방지를 위해 더 치열하게 노력했습니다. 한 사람의 진정성 있는 태도가 얼마나 큰 힘을 발휘하는지, 그날 저는 똑똑히 보았습니다.

삶을 걸어오면서 깨닫습니다.
진정한 따스함은 환경이나 조건이 아니라, 제가 어떤 태도로 사람을 대하는가에서 완성된다는 것을 말입니다.

그래서 저는 이제 따스해지고자 합니다.
주위를 향한 존중과 사랑 어린 마음에서 시작하여 태도로 드러내고자 합니다.
진심 어린 우리의 말 한마디, 작은 행동이 누군가의 아픔을 다독여드릴 수 있다면, 그것이야말로 우리가 가진 가장 값진 온도일 것입니다.

삶의 주체성과 성공에 대하여

성공은 지금 그 사람의 행동을 보면 알 수 있습니다.
하루하루를 시간만 메우듯 사는 사람, 겉으로는 열심히 일하는 듯 보이지만 새로운 도전과 혁신이 없는 사람은 결국 남의 인생을 살아가며 자기 삶의 주체성을 잃어버립니다.

세상을 통찰하기 위해서는 끊임없는 자기 계발이 필요합니다.
그 과정에서 자신만의 판단 기준이 형성되고, 삶의 불필요한 장애물들이 자연스럽게 걸러집니다.
"남을 아는 것은 지혜요, 자신을 아는 것은 깨달음이다."라는『노자』의 말처럼, 자기 성찰에서 비롯된 기준은 곧 올바른 방향성을 보여줍니다.

그 방향성 위에서의 노력은 무조건적인 '존버'가 아니라, 시대의 흐름에 맞는 조직 설계와 일의 시스템 구축으로 이어집니다. 시간이 곧 돈이기에, 한정된 시간 속에서 선택과 집중을 얼마나 현명하게 하느냐가 곧 성공의 분수령이 됩니다.

제가 주위에서 본 성공한 사람들은 하나같이 매정하다 싶을 정도로 불필요한 인간관계를 빠르게 정리했습니다. 도전 속에서 발생하는 시행착오도 자산으로 받아들이고, 재발을 방지하는 대책을 세워 이를 시스템화합니다. 결국 이런 시스템이 그 사람과 공동체의 재물 그릇의 크기를 결정짓습니다.

삶의 주인공은 누구도 아닌 바로 자기 자신입니다.
헨리 데이비드 소로(Henry D. Thoreau)가 말했듯,
"대부분의 사람들은 조용한 절망 속에서 살아간다."
그러나 수동이 아닌 능동의 태도를 갖춘 사람은 절망이 아니라 선도와 창조의 길을 걸어갑니다.

지금 나는 과연 부자의 자질이 있는가?
여기서 말하는 부자는 단순히 물질을 소유한 자가 아니라, 자기 성찰과 성장의 과정을 통해 삶을 주도하는 자를 뜻합니다. 물론 누구나 부자가 되고 싶어 하는 것은 아니겠지만, 삶의 의미와 경험의 깊이를 위해서 돈과 성장은 결코 무시할 수 없는 요소입니다.

"우리가 가진 가장 귀한 자산은 시간이며, 그것을 어떻게 쓰느냐가 우리의 삶을 결정한다." — 벤저민 프랭클린

그러니 이제 우리 각자는 스스로에게 질문해야 합니다.
나는 지금 시간을 낭비하는가, 아니면 내 인생의 주인으로서 시간과 함께 성장하고 있는가?

지금의 내가 과거의 나를 토닥인다

지금의 저는 종종 과거의 저를 떠올립니다.
외로움 속에서 눈물을 흘리던 순간, 지독한 인내로 하루를 버티던 시절, 세상과 맞서며 흔들리던 청춘의 그림자들. 그때의 저는 늘 미래를 두려워 했지만, 결국 여기까지 걸어왔습니다. 그래서 저는 과거의 저를 향해 조용히 속삭입니다.

"잘했어. 잘 버텼어. 잘 살아냈어."

심리학자 칼 로저스는 말하였습니다.
"인간은 스스로를 이해하고 수용할 때 비로소 성장한다."
과거의 나를 외면하지 않고, 지금의 내가 다정히 끌어안는 순간, 상처는 단순한 기억이 아니라 힘의 뿌리가 됩니다.

누구나 삶은 소중합니다. 프리드리히 니체는 말하였습니다.
"나를 죽이지 못한 고통은 나를 더 강하게 만든다."
버텨낸 시간, 흘려보낸 눈물, 그리고 그 안에서 생겨난 고요한 강인함은 결국 오늘의 우리를 만들었습니다.

저는 압니다. 미래의 내가 또다시 지금의 나를 찾아와 따뜻하게 말해줄 것입니다.
"수고했어. 조금 느려도 괜찮아. 너는 이미 충분히 잘하고 있어."

내가 나에게 보내는 위로는 가장 강력한 치유제입니다.
그것은 타인의 인정이나 세상의 기준이 아니라, 가장 내밀한 자신의 손길이기에 지친 영혼을 달래고, 다시 일어설 힘을 줍니다. 마치 봄의 햇살이 얼어붙은 대지를 녹이듯, 스스로의 토닥임은 삶을 앞으로 이끄는 원동력이 됩니다.

결국, 삶은 타인과의 싸움이 아니라 자기 자신과의 화해입니다.
저는 과거의 저를 끌어안으며, 오늘을 살아가고, 내일을 준비합니다.
그리고 조용히 믿습니다. 나의 내일은 또다시 나를 위로하며 더 멀리 걸어가게 할 것임을....

나를 이끄는 불빛은 늘 내 안에 있었습니다

어릴 적 저는 늘 무언가를 좇았습니다. 누군가의 칭찬, 사회가 말하는 성공, 그리고 세상이 저에게 요구하는 모습들. 저는 그것들이 제가 따라야 할 '불빛'이라 믿었습니다. 밝고 화려해 보였으니까요. 그러나 그 불빛은 늘 멀리 있었고, 잡으려 할수록 손끝에서 흩어졌습니다. 그럴수록 저는 더 초라해지고, 어둠 속에 남겨진 듯한 외로움에 사로잡히곤 했습니다.

그러던 어느 날 문득 깨달았습니다. 저를 진정으로 이끌었던 힘은 밖이 아니라 제 안에 있었다는 사실을… 그것은 번쩍이는 스포트라이트도 아니고, 타인의 박수갈채도 아니었습니다. 아주 작은 불씨처럼 조용히 제 안에서 깜빡이며 살아 있던 내적 불빛이었습니다.

일 속에서 배운 교훈,
저는 일을 통해 이 사실을 더욱 깊게 경험했습니다.
아무리 주위에서 칭찬을 받더라도, 또 아무리 비판을 받더라도, 상황과 환경은 끝없이 변한다는 것을 깨달았습니다.

저는 열심히 새로운 제품을 개발해 시장에 출시했지만, 더 좋은 솔루션을 고객이 요구하는 경우도 있었고, 뛰어난 경쟁사에 의해 뒤처진 적도 수도 없이 있었습니다. 그럴 때마다 저는 빨리 상황을 인정하고 경쟁자에게도 박수를 보내야 했습니다. 그 마음가짐이 있을 때, 배우고 다시 더 나은 방법을 찾을 수 있었고, 결국에는 전화위복이 되어 성장으로 이어졌습니다.

이 모든 시작은 저와의 싸움, 즉 자존감에서 비롯되었습니다. 그러나 동시에 깨달았습니다.

상대보다 뒤질 리 없다는 자존심

"내가 얼마나 열심히 했는데"라는 억울함

외부의 시선을 지나치게 의식하는 불안감

이런 잘못된 자존심이 저를 지배할 때에는 반드시 시련이 찾아왔다는 것을요. 성장이 멈추고 도태되는 원인은 단순했습니다. 제 안의 불빛을 믿지 못하고 외부에서 빛을 찾으려 할 때 문제는 커졌습니다. 그럴 때 저는 타인의 평가에 휘둘렸고, 칭찬을 받으면 기분이 치솟다가도, 비판을 받으면 마음이 무너져 내렸습니다. 결국 제 삶은 제 것이 아니라, 타인의 시선에 길들여진 삶이 되어 늘 눌린 듯 무거웠습니다.

불빛을 안에서 찾을 때,
이런 순간들을 수없이 겪으며, 저는 결국 저 자신에게서 길을 찾아야 한다는 것을 배웠습니다.
제가 잘못한 것은 즉시 바로잡고, 제가 옳다고 믿는 것은 타인을 설득하기 위해 더 노력했습니다. 이해받지 못하더라도, 스스로의 신념을 따라 한 걸음씩 나아가려 했습니다. 중요한 것은 결과가 아니라 방향이었고, 그 방향을 결정짓는 힘은 외부가 아니라 제 안에 있었습니다.

실제 연구에 따르면, 외부 인정에만 의존하는 사람은 그렇지 않은 사람보다 스트레스 지수가 평균 30% 이상 높다고 합니다.[1] 이는 타인의 평가가 얼마나 쉽게 우리의 내적 평안을 흔들 수 있는지를 보여줍니다. 반대로 자기 내부의 기준을 세운 사람은 환경 변화 속에서도 안정감을 유지하며 더 지속적으로 성취를 이룹니다.

이 사실은 오래전 철학자들도 강조했습니다. 소크라테스는 “너 자신을 알라”라고 했고, 에머슨은 이렇게 말했습니다.
“세상에서 가장 위대한 것은 자기 자신이 되는 것이다.”

결국 길은 밖에 있지 않았습니다. 제가 진정으로 해야 할 일은 외부의 빛을 좇는 것이 아니라, 내 안의 불빛을 지켜내는 것이었습니다.

살아간다는 것은 결국, 내 안의 불빛을 신뢰하며 걸어가는 일입니다. 때로는 어두운 터널 속 같아도, 그 빛을 잃지 않는다면 결국 길을 찾아 나아가게 됩니다. 그리고 언젠가 뒤돌아보면 알게 될 것입니다.

“나를 이끌어 준 것은 늘 제 안의 불빛이었습니다.”

---

[1] 출처: Deci, E.L. &Ryan, R.M.
(Self-Determination Theory, 1985) — 외적 동기와
내적 동기의 차이에 따른 심리적 안정성 연구.

마음이 향하는 곳, 그 이름은 사랑

제 안을 걷던 작은 발자국이 조용히 멈춰 설 때, 저는 성찰의 끝이 결코 고독이 아니라 다시 세상으로 향하는 문임을 깨닫습니다. 내 안의 불빛이 깊어질수록 그것은 홀로 머무르기를 거부하고 밖으로 흘러 타인을 향해 다리를 놓습니다. 긴 밤을 견뎌낸 촛불이 어둠을 넘어 타인을 비추듯, 제 마음의 빛도 누군가의 마음으로 향합니다.

사랑은 언제나 그 다리 위에서 싹트는 듯합니다. 처음에는 조심스러운 눈빛이나 머뭇거리는 손끝이 전부일지 모릅니다. 그러나 그 작은 움직임 안에 담긴 마음은 말보다 더 깊게 전해집니다. 제 안의 불빛이 타인의 마음에 닿는 순간, 두 개의 고요한 강이 하나의 흐름으로 이어지는 기적이 일어납니다.

사랑은 거창한 장면에서 피어나지 않습니다. 오히려 일상 속 사소한 순간에서 가장 크게 빛납니다. 피곤한 하루 끝에 건네는 짧은 안부, 말없이 함께 걷는 발걸음, 눈빛만으로 서로의 마음을 읽는 침묵의 시간, 이 모든 순간은 제 내면의 빛이 밖으로 흘러나온 증거입니다. 자신을 이해한 사람이 타인을 온전히 받아들일 수 있듯, 제 마음을 읽어낸 시간들은 자연스럽게 사랑으로 이어집니다.

사랑은 완전하지 않습니다. 오히려 그 불완전함 속에서 진실이 드러납니다. 제 결핍이 타인의 온기로 메워지고, 타인의 상처가 제 위로로 감싸질 때, 우리는 서로의 불빛을 나누며 조금 더 환한 길을 걷게 됩니다. 사랑은 하나의 빛이 아니라, 서로 만나 더욱 선명해지는 빛의 울림입니다.

저는 이제 알게 됩니다. 제 마음이 향하는 곳은 타인을 향한 자리, 곧 사랑이라는 것을. 자기 안에서 길어 올린 작은 빛이 타인에게 닿는 순간, 저는 다시 시작되는 새로운 여정을 맞이합니다. 사랑은 저를 머무르게 하고, 동시에 다시 나아가게 하는 힘입니다.

그래서 저는 다짐합니다. 제 안의 불빛을 더 깊이 가꾸어, 누군가에게 닿는 따뜻한 손길이 되기를. 제 마음이 향하는 곳이 사랑이라면, 그 사랑이 세상과 저를 함께 밝히는 길이 되기를…

3월의 설레임

3월의 바람은 겨울의 끝자락을 부드럽게 밀어내고, 새로운 계절의 문을 조심스레 열어줍니다. 차가웠던 공기는 점차 따뜻함을 머금고, 나무와 들판, 골목마다 겨우내 숨죽였던 생명들이 고개를 내밉니다. 저는 봄바람이 스며드는 창가에 서서, 겨우내 닫혀 있던 마음을 천천히 열어 봅니다.

겨울 동안 움츠러들었던 감정은 이제 작은 설렘으로 피어납니다. 눈송이가 사라진 땅 위로 첫 햇살이 내려앉듯, 내 마음에도 사랑과 기대의 빛이 스며듭니다. 겨울 동안 쌓인 외로움과 차가움은 바람과 함께 날아가고, 그 자리를 새로운 희망과 따뜻한 마음이 채웁니다.

봄바람 속에서 느껴지는 것은 단순한 온기만이 아닙니다. 그것은 지나온 시간을 돌아보게 하고, 앞으로 다가올 날들을 기대하게 만드는 힘입니다. 나는 발끝으로 느껴지는 대지의 온기와, 귓가에 스치는 나뭇잎의 살랑거림 속에서 조용히 설렘을 발견합니다. 마음속 깊은 곳에서 소리 없이 피어나는 작은 설렘이, 겨울의 긴 잠에서 깨어난 나를 부드럽게 흔듭니다.

사랑은 이렇게 조심스레 찾아옵니다. 겨울 동안 잠시 잊고 있던 마음의 틈사이로 스며들어, 작은 웃음, 가벼운 손짓, 그리고 따뜻한 눈빛 속에서 자라납니다. 봄바람이 전하는 향기 속에서, 저는 제 안의 감정을 새롭게 느끼고, 조용히 미소 지으며 그 설렘을 받아들입니다.

3월은 기다림과 시작의 계절이기도 합니다. 겨우내 묻어두었던 희망과 사랑을 다시 꺼내어, 조심스레 품어보는 시간입니다. 저는 바람에 실려 오는 햇살과 함께 내 마음을 흔들며, 다가올 날들의 이야기들을 천천히 그려 봅니다. 작은 설렘이 모여 하루를, 한 달을, 그리고 계절 전체를 환하게 밝힐 것임을 알기에, 저는 오늘도 마음을 열어 봅니다.

이 계절의 설렘은 눈에 보이지 않아도 분명 존재합니다. 겨울을 지나온 모든 순간의 흔적 속에서, 사랑과 기대가 고요히 자리 잡습니다. 3월의 봄바람 속에서 스며드는 마음은 말없이 속삭이며, 내 안에서 조용히 자라납니다. 그 마음이 어느새 저를 미소 짓게 하고, 새로운 하루를 설레게 만듭니다.

그리고 저는 알게 됩니다. 겨울의 끝자락에서부터 스며든 작은 설렘과 따뜻한 마음이, 내 안의 사랑의 씨앗을 튼튼히 키워주고 있다는 것을. 바람이 조금 차가워도, 햇살이 부족해도, 마음속 설렘은 결코 사라지지 않습니다. 오히려 그 차가움 속에서 더 단단히 뿌리내리며, 제 하루를 부드럽게 비춰줍니다.

3월의 봄바람, 그 속에서 스며드는 마음. 이 모든 것이 모여 제 안의 작은 정원을 이루고, 그 정원에서 사랑과 설렘은 조용히, 그러나 확실히 피어납니다. 오늘도 나는 그 설렘을 바라보며, 제 마음 깊이 속삭입니다. “당신이 느끼는 이 작은 설렘과 사랑은 충분히 소중합니다.” 그렇게 겨울을 지나, 3월은 마음속에서 봄이 시작되는 계절이 됩니다.

4월의 눈맞춤

4월의 햇살은 부드럽게 내리쬐고, 바람은 향긋한 꽃내음을 실어옵니다. 거리를 가득 메운 벚꽃과 개나리, 진달래가 서로 손을 맞잡고 피어나는 길 위에서, 저는 조심스레 발걸음을 옮깁니다. 꽃잎이 바람에 흩날릴 때마다 마음은 설렘으로 흔들리고, 제 안의 작은 기대와 희망이 천천히 깨어납니다.

꽃길 위에서 너와 눈이 마주친 순간, 세상은 잠시 숨을 죽인 듯했습니다. 햇살에 반짝이는 머리칼과 조용히 웃는 얼굴, 그리고 그 사이로 스며드는 따스한 공기까지, 모든 것이 봄꽃과 함께 어우러져 내 마음속에 깊게 스며듭니다. 그 순간의 설렘은 한낮의 따스함처럼 온몸을 감싸고, 숨결마다 꽃향기가 배어 있는 듯합니다.

봄꽃은 단순히 아름다움을 전하는 존재가 아닙니다. 그것은 잠시 스쳐가는 시간 속에서도 마음을 울리고, 내 안의 감정을 흔드는 힘을 가지고 있습니다. 너와 함께 걷는 이 길 위에서, 저는 제 안의 설렘과 희망이 얼마나 섬세하고도 강하게 움트고 있는지를 깨닫습니다. 겨울의 차가움과 3월의 부드러운 바람을 지나, 마음은 이제 꽃길 위에서 한층 더 밝고 따뜻하게 빛납니다.

서로의 시선이 스치며 마음이 맞닿을 때, 말없이 전해지는 감정이 있습니다. 봄꽃이 피어난 길 위에서 느껴지는 이 조용한 떨림과 기쁨은, 말로 다 담아낼 수 없는 아름다움입니다. 저는 그 순간 마음속으로 속삭입니다.

"이 눈맞춤을 소중히 간직해야지. 이 설렘과 희망을 잃지 말아야지." 너와 함께하는 시간이 제 안의 마음을 꽃처럼 피어나게 하고, 작은 행복으로 채워 줍니다.

꽃길 위에서 걷는 발걸음은 가벼워지지만, 마음은 오히려 깊어집니다. 바람에 흩날리는 꽃잎 하나에도, 마음속 작은 떨림 하나에도, 내 안의 감정이 조금씩 커집니다. 사랑과 설렘은 그렇게 서서히, 그러나 확실하게 마음을 채워갑니다.

4월의 꽃길은 단순히 계절을 알려주는 길이 아닙니다. 그것은 새로운 만남과 희망, 그리고 마음속 작은 사랑의 시작을 알려주는 길입니다. 너와 함께 걸으며, 겨울과 봄을 지나온 마음이 꽃길 위에서 피어나는 것을 느낍니다. 설렘과 희망은 이제 제 안에서 조용히 자리 잡고, 매 순간을 은은하게 빛나게 합니다.

그리고 저는 알게 됩니다. 꽃길 위에서 마주한 너와의 눈맞춤이, 제 마음속 작은 정원을 더욱 풍요롭게 만든다는 것을. 바람이 불어도, 꽃잎이 흩날려도, 마음속 설렘과 희망은 사라지지 않습니다. 오히려 그 바람과 꽃잎 속에서 더 깊이 뿌리내리며, 제 하루를 부드럽게 비춰 줍니다.

4월의 꽃길 위, 너와 함께한 눈맞춤. 그 설렘과 희망은 내 안에서 조용히, 그러나 확실히 자라납니다. 오늘도 저는 그 마음을 소중히 바라보며, 제 안의 작은 속삭임에 귀 기울입니다. "너와 함께 걷는 이 길 위의 모든 순간은, 제 마음에 오래도록 머물 것이다." 그렇게 4월은 꽃길과 함께, 사랑과 설렘이 마음에 피어나는 계절이 됩니다.

눈부신 햇살 아래 스쳐가는 꽃잎처럼, 우리의 마음도 조용히 서로에게 스며듭니다. 이 눈맞춤 속에서 제 안의 사랑은 서서히 꽃을 피우고, 그 향기는 계절의 모든 길 위로 은은히 퍼집니다. 바람이 불어도, 비가 내려도, 이 순간의 마음은 결코 흔들리지 않습니다. 오히려 봄꽃과 함께한 눈맞춤은 내 안의 마음을 단단하게 다지고, 한 해의 설렘과 희망을 잔잔하게 채워줍니다.

4월의 눈맞춤은, 단순한 만남이 아니라 제 마음속 사랑과 설렘의 시작을 알리는 계절의 신호입니다. 오늘도 저는 그 눈맞춤을 마음 깊이 간직하며, 꽃길 위에서 피어나는 사랑의 순간을 조용히 느낍니다. 그렇게 4월은 제 안에서, 눈맞춤과 함께 봄의 설렘으로 가득 찹니다.

제3장

사랑이라는 이름으로

사랑은 늘 여러 얼굴로 찾아온다.
사람, 동행, 계절, 그리고 나눔 속에서.
그 모든 사랑은 결국 '우리'라는 이름으로
한자리에 모인다.

사랑을 전하는 글

방 안의 화분에 물을 주며, 문득 세상에 스며 있는 사랑스러움이 마음에 밀려옵니다.
저는 그 감성을 기도하듯 글로 적어 내려갑니다.
오늘도 저는 글을 씁니다.

가슴 깊은 곳, 지나간 시간 속에 묻혀 있던 고마움과 미안함, 그리고 세월 속에서 더욱 숙성되어 커진 사랑을 하나씩 꺼내어 정리하듯 글을 씁니다.

오래전, 아내와 함께 성당에서 진행된 ME(부부의 재발견) 교육에 참여한 적이 있습니다. 그 프로그램 가운데에는 죽음을 앞두고 서로에게 편지를 쓰는 시간이 있었습니다. 펜을 들기도 전에 눈물이 흘렀습니다. 살아 있음에 대한 감사, 함께 걸어온 세월에 대한 고마움, 그리고 다 주지 못했던 마음에 대한 미안함이 한꺼번에 밀려왔기 때문입니다. 그때 쓴 글은 단순한 편지가 아니었습니다. 그것은 사랑을 고백하는 글이었고, 서로를 위로하며 치유하는 글이었습니다.

그 순간, 저는 알게 되었습니다. 글은 머리로 쓰는 것이 아니라, 글을 읽을 분의 마음으로 쓰는 것이라는 사실을. 누군가의 가슴에 닿을 수 있는 문장은 언제나 마음에서 비롯된다는 것을…

이러한 마음을 안고, 사랑하는 여러분께 인사를 드립니다.

오늘, 같은 햇살을 받으며, 같은 계절의 향기를 맡고, 같은 공기를 호흡하는 우리를 바라봅니다. 이렇게 함께 살아 있다는 것이 얼마나 큰 선물인지 새삼 깨닫습니다.

그래서 저는 이 순간, 소중한 우리 모두를 향해 사랑의 인사를 올립니다.

"사랑합니다".
그리고 이 글을 읽으시는 모든 분들의 "평화를 빕니다".

또 다른 나와의 만남, 인연의 다리 위에서...

지나가는 모든 인연에는 반드시 의미가 있습니다. 우연처럼 스쳐 가는 사람조차도 사실은 삶의 맥락 속에서 저에게 남겨진 흔적입니다. 불교에서는 "일체유심조(一切唯心造)", 즉 모든 만남과 사건이 마음의 작용에서 비롯된다고 말합니다. 오늘 내가 만나는 사람을 전생의 나이자, 앞으로의 생의 또 다른 나라 생각하면 그들의 아픔에 함께 아프고, 그들의 기쁨에 함께 기뻐할 수 있습니다.

심리학자 칼 융은 "우리가 만나는 모든 사람은 우리 자신을 비추는 거울"이라고 말했습니다. 사랑이라는 말 또한 결국 "내가 곧 당신이고, 당신이 곧 나다"라는 깊은 공감에서 비롯됩니다.

저에게도 그런 깨달음을 준 시간이 있었습니다. 아이가 어렸을 때, 저는 길에서 구걸하는 이를 그냥 지나치지 않고 비록 많지 않더라도 마음을 담아 건네곤 했습니다. 해외 출장 중에도 일부러 잔돈을 바꿔 같은 행동을 이어갔습니다. 혹시 내가 그냥 지나치면 어린 아들은 "아빠!" 하고 나를 불러 세웠습니다. 꼭 해야 할 것을 빠뜨린 사람처럼 내 마음을 일깨워 주었지요.

그러나 아이들이 자라고, 삶이 점점 넉넉지 않게 되면서 저도 모르게 외면을 택하는 제가 되었습니다. 그러던 어느 날, 예전에 비해 내가 덜 행복하다는 사실을 깨달았습니다. '같이'라는 행복은 점점 줄어들고, 저 혼자만의 이기심이 커져 있었던 것입니다. 기쁜 일이 있어도 함께 기뻐해 주는 사람이 줄었고, 슬픈 일에도 다 같이 마음을 모아주던 시간이 멀어져 있었습니다.

시간은 직선이 아니라 무수한 인연의 그물망으로 얽혀 있습니다. 오늘의 만남은 그 물망 속에 놓인 또 다른 나와의 대화입니다. "인생에서 우연히 일어나는 일은 없다"는 아인슈타인의 말처럼, 모든 만남은 시간의 매트릭스가 짜 놓은 필연일지 모릅니다.

그래서 저는 이제 '내가 사고한다(I think)'가 아니라 '우리가 사고한다(We think)'라고 믿고 싶습니다. 혼자가 아닌 우리로 존재할 때, 세상은 더욱 아름답고 평온해집니다.

저는 오늘 다시 다짐합니다.
세상의 모든 인연이 곧 나라고 생각했던, 까마득했던 그때의 저를 그리워하며, 다시 그 길 위에 서고자 합니다.
그래서 오늘도 또 다른 저인 이 세상의 모든 인연들에게 속삭입니다.

"힘내세요. 축하해요. 당신은 나이기에, 저는 오늘도 당신을 사랑합니다."

우리는 서로에게 건너가는 다리입니다.
제가 그대이고, 그대가 저이기에…
오늘도 저는 인연을 사랑하며, 삶을 사랑합니다.

법과 마음

삶을 살아가다 보면 크고 작은 분쟁을 피할 수 없습니다. 때로는 양쪽의 욕망이 충돌하여 불화가 생기기도 하고, 한쪽의 욕망이 덫이 되어 법정의 다툼으로 이어지기도 합니다. 성경 「마태오 복음」(마태 5:25)에는 이렇게 기록되어 있습니다.

"너를 고발한 자와 함께 법정에 가는 길에 그와 빨리 화해하라."

법적 판결보다 화해와 용서가 더 큰 지혜임을 전하는 말씀입니다.

법치국가에서 법은 사회의 질서와 안정을 지탱하는 최소한의 장치입니다. 그러나 현실 속에서 법은 종종 약자의 방패가 되기보다 기득권과 특권층을 보호하는 울타리처럼 보이기도 합니다. 그럼에도 불구하고, 법이 없는 사회는 혼란에 빠지고 공동체는 쉽게 무너집니다.

독일 철학자 임마누엘 칸트는 말하였습니다.

"법이 없는 자유는 무질서이고, 자유 없는 법은 폭정이다."

결국 올바른 법치주의는 법을 집행하는 사람들의 정의로운 마음과, 그것을 지켜내려는 시민들의 의지가 함께할 때 비로소 이루어집니다.

그러나 법보다 앞서야 할 것은 언제나 마음입니다. 서로를 향한 작은 배려와 이해, 선한 의지가 사회에 깊이 스며들 때 법은 최소한의 장치로만 머물 수 있습니다. 공자는 말하였습니다.

"덕은 외롭지 않으니 반드시 이웃이 있다."

선한 덕이 사람과 사람을 이어줄 때, 법은 강제력이 아니라 신뢰와 사랑을 지키는 배경이 됩니다.

진정한 법치국가는 법전 속 문장에만 머물지 않습니다. 그것은 서로를 향한 사랑과 신뢰 속에서 피어나는 꽃이며, 그 뿌리는 바로 사람들의 마음 속에 있습니다.

그리하여 저는 이렇게 기도드립니다.
주님, 저를 다툼으로 이끄는 길에서 지켜 주시옵소서.
욕망이 커져 잘못된 길을 따르지 않게 하시고,
법을 방패 삼아 다투려는 마음보다
화해와 사랑을 먼저 선택하도록 이끌어 주시옵소서.
부디 욕망 때문에 사랑을 잃지 않게 하시고,
저의 하루하루가 선한 길 위에 머물게 하소서.

구름이와의 만남, 그리고 반려의 의미

현대의 인간은 반려동물을 단순한 '애완(愛玩)'의 존재가 아니라, 함께 살아가는 가족으로 받아들이고 있습니다. 오늘, 제 아들이 여자친구 집에서 함께 지내던 '구름'이라는 귀여운 강아지를 데려왔습니다. 작은 몸짓 하나하나, 사람을 향한 눈빛과 따뜻한 온기 속에서 저는 오래 잊고 지낸 순수함을 느낄 수 있었습니다. 구름이를 바라보다 보면 저절로 입가에 미소가 걸리게 됩니다.

인간과 동물의 관계는 수만 년의 역사를 거쳐왔습니다. 고고학에 따르면, 늑대가 사람 곁에 머물며 개로 길들여진 것은 약 1만 5천 년 전이라고 합니다. 처음에는 사냥과 생존의 동반자였던 개가 오늘날에는 마음의 동반자로까지 확장된 것입니다. 불과 수십 년 전까지만 해도 '애완동물'이라 불리며 인간의 소유물로 여겨졌지만, 이제는 '반려동물'이라는 이름 속에 교감과 사랑의 의미가 담겨 있습니다. 이 용어의 변화는 곧 인간 의식의 변화이기도 합니다.

철학자 피타고라스는 "동물에게 잔인한 자는 사람에게도 잔인하다"라고 했습니다. 반려동물을 향한 우리의 태도는 결국 인간 자신을 비추는 거울과 같습니다. 동물들은 교활하지 않고, 사악하지 않으며, 순수함 그 자체입니다. 그래서일까요. 정과 사랑에 목마른 현대인은 그 순수함을 통해 위로를 받고, 다시금 인간다움을 회복하게 됩니다.

하얗고 부드러운 구름이를 바라보고 있으면 마음이 고요히 가라앉습니다. 깊은 이성적 대화가 아니라, 단순히 함께 머무는 감성의 교감 속에서 삶이 풍요로워집니다. 마치 삶이 순수라는 옷을 다시 입은 듯한 기분입니다.

구름이는 단순한 강아지가 아니라, 삶을 더 인간답게 만드는 조용한 스승입니다. 아리스토텔레스가 말했듯, "행복은 우리의 감정과 습관 속에 있다." 구름이와 같은 반려의 존재는 인간에게 사랑하는 습관을 가르쳐 줍니다. 그리하여 결국, 우리는 그들의 맑은 눈동자에서 '사랑하는 법'을 배우게 됩니다.

사랑으로 다시 서는 세상

며칠 전, 제 딸아이가 코로나19에 감염되어 집에서 휴식을 취하고 있었습니다. 이 소식을 접하며 저는 2020년 초의 기억을 선명히 떠올렸습니다. 당시 저는 중국 우한 출장을 다녀온 직후, 불과 일주일 만에 도시 전체가 봉쇄되는 상황을 경험했습니다. 그 순간 느낀 섬뜩함은 지금도 잊기 어렵습니다. 이어서 전 세계적으로 국경은 닫히고, 감염자들은 격리되었으며, 긴급히 개발된 백신 접종이 여러 차례에 걸쳐 시행되었습니다. 수많은 사업과 프로젝트가 멈춰 섰고, 팬데믹 이후에도 사회 · 경제적 상처는 오랫동안 이어졌습니다.

그러나 단지 바이러스만이 세상을 흔든 것은 아니었습니다. 약자에 대한 배려가 부족했던 사회, 고통받는 이들을 돌보지 못한 시스템은 스스로의 균열을 드러냈습니다. 위기 앞에서 가장 큰 피해를 입은 이들은 힘 없는 이들이었고, 결국 공동체 전체가 함께 흔들렸습니다.

신종 바이러스의 출현은 인간에게 보내는 자연의 경고음이자 하느님의 메시지일지도 모릅니다. 무분별한 개발과 생태계 파괴로 인해, 원래는 다른 동물의 몸속에서만 머물던 미생물들이 인간에게 전이되었고, 그 과정에서 면역체계와의 격렬한 충돌이 수많은 희생을 초래했습니다.

하지만 인간과 미생물의 역사를 되짚어보면, 처음에는 적으로만 여겨졌던 이들 중 많은 종이 시간이 흐르며 공생관계를 이루어 왔습니다. 오늘날 우리의 건강 유지에 없어서는 안 될 동반자가 되었듯이, 적대에서 공존으로, 충돌에서 균형으로 나아가는 길은 언제나 열려 있습니다.

저는 제 딸아이의 몸속 면역체계가 코로나 바이러스와의 싸움을 무사히 마치고, 다시 건강한 균형을 찾기를 기도합니다. 그리고 비록 바이러스 자체가 완전히 사라지지 않는다 하더라도, 인체가 그것을 제어하고 다른 미생물과 더불어 살아가는 법을 배워 가기를 바랍니다.

자연은 거듭 신호를 보냅니다. 그 신호를 읽지 못한다면 또 다른 재앙은 반복될 것입니다. "자연을 지배하려는 자는 결국 자연에 의해 지배당한다"라는 격언처럼, 인간의 탐욕을 누르고 자연과 더불어 살아가는 지혜가 절실합니다.

그리고 무엇보다도, 인간은 서로 사랑해야 합니다. 사회의 약자를 돌보고, 서로의 상처를 감싸며, 함께 살아가는 길을 찾아야 합니다. 인간과 인간 간의 사랑은 물론, 우리를 둘러싼 모든 생명과의 사랑이야말로 하느님께서 보시기에 좋은 세상을 여는 열쇠일 것입니다.

겨울 뒤에 오는 봄, 그리고 우리

요즘 세계 경제는 불확실성 속에서 흔들리고, 국내 경제 또한 많은 이들이 체감할 만큼 무거운 시간을 지나고 있습니다. 기업의 투자심리는 위축되고, 가계는 지출을 줄이며 하루하루를 버텨내고 있습니다. 모두가 힘든 길을 걷고 있는 지금, 우리는 자주 이런 격언을 떠올리게 됩니다.

"가장 어두운 밤이 지나야 가장 밝은 새벽이 온다."

겨울이 깊어도 봄은 반드시 오고, 어둠이 짙어도 새벽은 반드시 열립니다. 자연의 이치가 그러하듯, 우리의 삶 또한 끊임없이 순환하며 새로운 희망을 틔웁니다. 다만 추운 겨울과 긴 밤을 건너는 길은 언제나 쉽지 않습니다.

그러나 우리는 이미 수많은 역경을 함께 이겨낸 경험이 있습니다.

1997년 IMF 외환위기 때, 온 국민이 허리띠를 졸라매며 서로를 의지했습니다.

2008년 미국발 금융위기 때, 세계 경제가 흔들렸지만 우리는 다시 회복의 길을 찾았습니다.

2020년 코로나 팬데믹 때, 거리와 마음이 멀어졌지만 서로의 안전을 지키며 버텨냈습니다.

그 모든 순간을 견뎌낸 지금의 우리가 존재합니다. 함께였기 때문에 가능했고, 같이 노력했기 때문에 가능했습니다.

그렇기에 오늘도 우리가 필요합니다. 너와 나, 그리고 우리.
한 사람이 내민 따뜻한 손길, 함께 나눈 진심 어린 말 한마디가 절망의 시간을 견디게 하는 불씨가 됩니다. 혼자서는 감당하기 어려운 고난도, 우리가 맞잡은 마음이 있다면 충분히 이겨낼 수 있습니다.

그리고 우리는 돌아볼 필요가 있습니다. 지금 곁에 있는 사람은 하늘이 준 소중한 선물입니다. 그러나 우리의 욕심과 지나친 걱정 때문에 그 선물을 외면하고 있지는 않은지, 다시금 스스로에게 묻고 싶습니다. 가까이 있는 사랑과 온기를 소홀히 하지 않을 때, 세상은 더욱 살 만한 곳이 됩니다.

속담에 이르기를, "비 온 뒤에 땅이 굳어진다." 했습니다. 고난은 우리를 무너뜨리는 것이 아니라 더 단단히 세워줍니다.

나아가 우리는 꿈꿉니다.
분열과 다툼을 멈추고, 사랑과 나눔을 바탕으로 우리 모두가 하나 되어 정치적으로 안정된 대한민국, 경제적으로 성장하는 대한민국, 서로 공감해주는 사랑스러운 대한민국을 만들어가는 날을…

그러니 오늘도 믿어봅시다. 겨울 뒤에 오는 봄을, 밤을 뚫고 오는 아침을,
그리고 무엇보다도 함께하는 우리를…
그 믿음만으로도 세상은 여전히 사랑할 만합니다.

삶의 의미는 사랑과 감사의 연속입니다

삶의 본질과 존재의 이유는 인간의 이성만으로는 완전히 해석할 수 없는 깊은 신비 속에 있습니다. 그럼에도 우리는 주어진 환경 속에서 최선을 다하며, 감사와 사랑으로 하루하루를 채워갈 수 있습니다. 그리고 마지막 순간이 다가올 때, 미소로 죽음을 맞이하는 것 또한 가장 지혜로운 삶의 모습일 것입니다.

삶의 길 위에는 때로 미움이 찾아옵니다. 이는 인간이 살아가는데 주어진 본성의 일부일 수 있습니다. 그러나 미움이 분노로 변하고, 그것이 만성적 증오로 굳어질 때 우리는 스스로를 해치게 됩니다. “용서는 그 사람이 사랑스러워서가 아니라, 나 자신을 지키기 위해 하는 것”이라는 말처럼, 용서는 곧 자기애의 다른 이름입니다.

삶에는 또한 걱정이 찾아옵니다. 하지만 걱정이 불안이 되고, 그 불안이 만성적인 두려움으로 번지는 것은 우리의 선택입니다. 지나친 두려움은 늘 미래에 매여 있는 마음에서 비롯됩니다. 아직 오지 않은 내일을 억지로 끌어와 오늘을 망치지 마십시오. “내일 일은 내일이 염려할 것이라”(마태복음 6:34) 하신 말씀처럼, 지금 할 수 있는 최선만 다하고 나머지는 신께 맡기는 것이 현명한 태도입니다.

때로는 자신의 초라함이 다가오기도 합니다. 그러나 그 초라한 감정이 자책으로, 나아가 만성 우울로 이어지는 것 또한 우리의 선택입니다. 우울은 대개 타인과의 끝없는 비교에서 생겨납니다. 남의 상황을 억지로 끌어와 내 삶을 불행하게 만들지 마십시오. 비교는 신께 맡기고, 우리는 현실 속에서 감사할 이유를 발견하는 것이 바람직합니다.

사계절의 변화는 신께서 우리에게 주신 가장 아름다운 가르침입니다. 그리고 이는 단순한 자연의 순환이 아니라, 우리가 놓이는 삶의 다양한 상황을 비추는 거울이기도 합니다.

봄은 새로운 기회와 시작의 시기와 같습니다. 힘겨운 겨울 뒤에 찾아오는 봄처럼, 좌절 뒤에도 다시 피어날 희망이 있음을 일깨웁니다.

여름은 치열하게 노력하고 땀 흘리는 청춘의 시간과 같습니다. 뜨거운 햇볕 아래 땀을 흘리며 살아가는 그 순간이 곧 생의 증거입니다.

가을은 열매 맺고 되돌아보는 성찰의 시기입니다. 인생의 결실은 그저 노력의 결과가 아니라, 감사 속에서 더욱 빛나게 됩니다.

겨울은 고요히 멈추고 기다리는 인생의 쉼표와 같습니다. 멈춤 속에서도 다음 봄을 품고 있는 것처럼, 어려움 속에서도 새 출발의 가능성을 간직하고 있습니다.

결국, 사계절이 하나의 순환으로 이어지듯 우리의 삶 또한 변화와 고난, 열정과 성찰, 멈춤과 시작이 끊임없이 반복됩니다. 그 안에서 우리가 붙들어야 할 것은 두 가지뿐입니다. 사랑과 감사입니다.

위대한 철학자 마르쿠스 아우렐리우스는 이렇게 말했습니다.

“삶의 행복은 당신의 생각의 질에 달려 있다.”

또한 공자는 말하였습니다.

“지족자부(知足者富), 만족을 아는 사람이야말로 부유하다.”

사랑과 감사는 곧 생각의 질을 바꾸고, 만족을 아는 지혜로 이끌어 줍니다. 오늘도 사랑을 나누고, 주어진 순간에 감사하며 살아간다면, 그것이 곧 가장 충만하고 의미 있는 삶의 길일 것입니다.

소유가 아닌 나눔의 지혜

매일 우리의 삶 앞에는 수많은 보석 같은 돌들이 놓입니다.
우리는 종종 그것을 움켜쥐고 내 것이라 주장하려 하지만, 소유의 기쁨은 잠시뿐입니다. 소유하려는 순간부터 우리는 새로운 짐을 지게 됩니다.

소유는 지키기 위한 불안과 두려움을 동반합니다.

더 많이 가지려는 끝없는 욕망

잃을까 두려워하는 불안감

다른 사람과 비교하며 느끼는 질투와 시기심

빼앗기지 않으려는 경계심과 외로움

결국 소유의 집착은 무거운 족쇄가 되어 우리 마음을 지치게 만듭니다.

반면, 나눔은 전혀 다른 길을 열어 줍니다.
우리가 가진 것을 나눌 때, 마음은 오히려 가벼워지고, 그 따뜻한 울림은 주위 사람들과의 관계를 부드럽게 변화시킵니다. 작은 친절이 신뢰와 우정을 낳고, 진심 어린 나눔은 서로의 마음을 이어주는 다리가 됩니다.

그리고 이러한 나눔은 단순히 물질적인 것에만 머물지 않습니다.

기쁜 일을 함께 기뻐해 주는 것

슬픔 앞에서 곁을 지키며 함께 울어 주는 것

누군가의 입장을 헤아려 주고 배려하는 것

이런 인격적 나눔은 돈으로 살 수 없는 가치이며, 오히려 삶을 더 깊고 아름답게 만듭니다. 심리학 연구에서도, 공감과 배려의 나눔은 개인의 정신적 안정과 공동체적 유대감을 강화한다고 밝혀졌습니다.

마하트마 간디는 이렇게 말했습니다.
"자신을 찾는 가장 좋은 방법은 다른 사람을 섬기는 일에 자신을 잃어버리는 것이다."

알베르트 슈바이처 역시 강조했습니다.
"인생의 참된 의미는 자신을 위해 사는 것이 아니라, 다른 사람을 위해 사는 데 있다."

삶은 소유의 전쟁터가 아니라, 향기를 나누는 정원입니다.
꽃은 꺾어 소유할 때 금세 시들지만, 그 향기를 나누면 오래도록 남습니다. 마찬가지로, 우리가 가진 것을 움켜쥐는 대신 나눌 때, 그것은 사라지지 않고 오히려 더 큰 울림으로 확장됩니다.

결국 중요한 것은 얼마나 많이 모았는가가 아니라,
얼마나 깊이 누렸고, 얼마나 따뜻하게 나누었는가 입니다.

나눔은 우리를 무겁지 않게 하고, 인간관계를 풍요롭게 하며, 미래를 더 밝고 넓게 열어 줍니다.
그 길 위에서 삶은 짐이 아니라 빛나는 여행이 됩니다.

그리고 잊지 말아야 할 것은, 여행은 소유하려는 것이 아니라 즐기려는 것이라는 사실입니다.
삶이라는 여정을 마치고 세상을 떠날 때, 우리가 소유한 것들은 모두 뒤에 남고, 각자 가슴에 간직하는 것은 결국 추억뿐입니다.
그 추억이 사랑과 나눔으로 풍요롭기를, 그래서 마지막 순간 우리의 삶이 무거운 짐이 아니라 따뜻한 빛으로 남기를 소망합니다.

나는 그냥 더운 당신이 되겠습니다

오늘도 늦은 여름의 햇살은 온몸을 해바라기처럼 감싸안는 듯 뜨겁습니다. 해바라기는 7월에서 9월 사이에 가장 활짝 피어나는데, 태양을 따라 고개를 돌리며 하루 종일 빛을 좇습니다. 그 뜨거운 여름 속에서 피어나는 해바라기의 모습은, 마치 불편한 더위조차 삶을 향한 열정으로 바꾸어 내는 자연의 은유 같습니다.

밤이 되면 달맞이꽃이 은은히 피어납니다. 달맞이꽃은 6월에서 9월에 걸쳐 여름밤마다 노란 꽃잎을 활짝 열고, 이름처럼 해가 저물어야만 꽃을 드러냅니다. 꽃말이 "기다리는 사랑"인 이유도 바로 그 때문일 것입니다. 낮 동안의 뜨거움이 지나가야만 피어나는 달맞이꽃처럼, 그리움은 언제나 밤의 고요 속에서 더욱 짙어집니다.

그래서 저는 단순히 '더움'으로 머물고 싶지 않습니다. 해바라기처럼 한낮의 뜨거움을 품고, 달맞이꽃처럼 밤의 기다림을 간직한 존재, 바로 더운 자연 속 어우러진 하나의 자연이 되고 싶습니다.

철학자 파스칼이 말했습니다.
"마음에는 이성이 모르는 이유가 있다."

이성으로 설명할 수 없는 사랑의 열기는 계절의 더위와 닮았습니다. 땀방울처럼 번져가는 그리움, 태양처럼 타오르는 열정, 그리고 어둠 속에 피어나는 기다림의 향기. 세계기상기구(WMO)의 보고에 따르면, 지구 평균기온은 산업화 이전보다 이미 1.1도 이상 상승했습니다. 누구에게는 불편한 더위지만, 나에게는 우리를 더욱 선명히 느끼게 하는 계절의 언어입니다.

오늘, 나는 해바라기의 해맑은 빛과 달맞이꽃의 은은한 향기를 한 다발 엮어 이글을 읽는 모든분들 마음 앞에 놓습니다. 낮의 뜨거움과 밤의 그리움이 이어지는 이 계절 속에서, 나의 고백은 단 하나입니다.

“저는 그냥 더운 당신이 되겠습니다.”

5월의 미소

5월의 아침, 공기는 아직 서늘하지만 햇살은 부드럽게 마음을 감쌉니다. 처음 그분을 마주한 순간, 그 햇살 속에 그분의 미소가 내려앉았습니다. 작은 풀잎 위에 맺힌 이슬처럼, 그 미소는 맑고 투명하게 제 마음 깊숙이 스며들었습니다.

산들바람이 그분의 머리카락 사이로 스며들 때, 저는 알 수 있었습니다. 사랑은 거대한 사건 속에서만 피어나는 것이 아니라, 이렇게 조용한 자연의 숨결 속에서도 자라난다는 것을. 그분의 웃음과 바람, 햇살과 꽃향기가 한데 어우러져 마음 속 작은 우주를 이루었습니다.

들판 사이를 걷는 우리의 발걸음마다, 햇빛은 풀잎에 반짝이며 길을 비추고, 나무들은 조용히 속삭였습니다. “지금, 이 순간이 소중 합니다”고. 그때 저는 몰래 손을 뻗어 그분의 손끝을 스쳤고, 그 짧은 접촉마저 세상 모든 아름다움이 담긴 듯 느껴졌습니다.

그분과 나누는 이야기는 특별한 결론 없이 흘러갔지만, 저는 모든 말 속에서 생명이 움트는 소리를 들었습니다. 새들의 노랫소리, 꽃잎이 흔들리는 바람의 숨결, 그리고 그분의 웃음이 겹쳐지며 하나의 선율이 되었습니다. 제 마음은 그 속에서 천천히 풀려, 한없는 평화와 설렘으로 물들었습니다.

오후가 되자 햇살은 더욱 따사로워졌고, 그림자는 길게 늘어져 들판 위를 흐릅니다. 우리는 함께 그 길을 걸으며, 발끝마다 봄의 생명과 감정이 흔들리는 소리를 느꼈습니다. 그분의 눈동자에 담긴 반짝임은 꽃보다 선명했고, 그 속에서 저는 삶의 작은 기적들을 발견했습니다.

5월의 저녁, 하늘은 붉게 물들고, 바람은 잔잔히 속삭입니다. 저는 그분의 웃음을 떠올리며, 그 미세한 순간들이 영원히 제 안에 머물기를 바랐습니다. 사랑은 단순히 주고받는 감정이 아니라, 이렇게 자연과 함께 살아 숨쉬는 경험임을 깨달았습니다. 그분의 미소와 마음이, 햇살과 바람과 어우러져 제 삶을 더욱 밝게 만들고 있었습니다.

5월의 미소 속에서 느낀 그분의 존재는, 시간이 흘러도 잊히지 않는 작은 우주입니다. 꽃이 지고 계절이 바뀌어도, 저는 늘 그 미소를 떠올리며 마음 속 깊이 따스함을 간직할 것입니다.

6월의 빗결 속 마음

6월, 장맛비가 시작되었습니다. 빗줄기는 창가를 두드리며 하루를 느리게 흘러가게 만듭니다. 우산을 쓰고 걷는 사람들의 발걸음은 바쁘지만, 그 사이로 저는 잠시 서서 하늘을 바라봅니다. 회색 구름 속에서 쏟아지는 빗방울은 마치 마음속 깊은 곳에서 울리는 작은 떨림과 같습니다.

비가 내릴 때면, 세상의 모든 소음이 흐려집니다. 길거리의 자동차 소리, 아이들의 웃음, 바람에 흔들리는 나뭇잎까지, 모든 것이 빗속에 잠기며 하나의 선율로 어우러집니다. 그리고 그 속에서 저는 제 자신과 마주합니다.

사랑은 때로 폭우처럼 한꺼번에 쏟아지기도, 잔잔한 이슬처럼 스며들기도 합니다. 하지만 6월의 장맛비처럼 삶의 어려움 속에서도, 흔들리지 않는 마음은 있습니다. 누군가를 향한 진심, 제 자신을 지켜내려는 작은 결심, 그리고 도전 앞에서도 움츠러들지 않는 용기. 그것은 비를 맞는 나무의 뿌리처럼 단단합니다.

길을 걷다 보면, 비에 젖은 옷과 머리카락이 불편할 때도 있습니다. 하지만 마음속에 심어진 감정들은 결코 젖지 않습니다. 오히려 장맛비 속에서 더 또렷하게 느껴집니다. 사랑의 온기, 삶의 의미, 그리고 저를 살아있게 만드는 작은 희망들이 빗속에서 반짝입니다.

이 장맛비가 끝나면, 세상은 다시 밝아질 것입니다. 하지만 저는 압니다.

비가 내리는 동안에도 마음의 등불을 꺼트리지 않고 지켜낸 감정은, 언제나 저를 지탱하는 힘이 된다는 것을. 어려움 속에서도 흔들리지 않는 마음은, 사랑과 도전의 기록이자 저만의 작은 시입니다.

6월의 빗줄기 속에서 저는 오늘도 서성입니다. 떨어지는 빗방울을 맞으며, 흔들리지 않는 마음으로 제 안의 사랑과 용기를 다시금 느끼며, 내일을 향해 한 걸음 내딛습니다.

7월의 별빛 아래 우리

7월의 여름밤, 공기는 뜨겁지만 부드럽게 내려앉습니다. 달빛은 가끔 구름 사이로 스며들고, 별빛은 하늘 위에서 조용히 반짝입니다. 누군가는 그 별빛 아래, 손을 맞잡고 서 있을 겁니다. 말없이 서로를 바라보며, 오늘이라는 시간을 마음속 깊이 새기면서...

밤바람이 살짝 스치면, 나무의 잎사귀들이 속삭이는 듯 흔들립니다. 그 소리마저도 누군가에게는 음악이 됩니다. 소란스러운 낮의 열기와 사람들의 목소리는 사라지고, 오직 여름밤의 공기와 우리만 남습니다. 그 안에서 웃음과 작은 속삭임, 그리고 눈빛으로 주고받는 마음들이 별빛과 함께 빛납니다.

여름밤의 소중한 추억은 그렇게 만들어집니다. 함께 걷던 산책길, 시원한 음료를 나누며 웃던 순간, 어깨를 스친 바람 속에서 느낀 서로의 온기. 말로 표현하지 않아도 서로의 마음을 알아채는 시간. 그 모든 것이 별빛 아래에서 한 장 한 장 사진처럼 남아, 우리의 마음을 따뜻하게 합니다.

하늘을 올려다보면, 무수한 별들이 우리를 비춥니다. 그 빛들은 마치 우리의 이야기를 들어주는 듯, 부드럽게 반짝이며 시간을 기억합니다. 우리는 그 속에서 꿈을 꾸고, 사랑을 속삭이며, 앞으로의 날들을 함께 걸어갈 약속을 마음속에 새깁니다.

7월의 여름밤은 그렇게 지나갑니다. 그러나 별빛 속 우리만의 이야기는 사라지지 않습니다. 별과 바람, 그리고 숨결이 얽혀 만들어낸 추억은, 언제든 마음을 열면 다시금 느낄 수 있는 작은 기적입니다. 그 여름밤, 우리는 서로에게 가장 빛나는 별이 되었고, 기억 속에서 여전히 반짝입니다.

8월의 바람 속 인사

8월의 바람은 여름의 끝을 알리는 듯, 살짝 시원하면서도 한없이 부드럽습니다. 해는 여전히 뜨겁지만, 공기 속에는 이미 가을의 냄새가 섞여 있습니다. 그 바람 속에서 저는 문득, 지나간 시간과 사람들을 떠올립니다.

한낮의 태양 아래서 웃고 떠들던 날들, 땀에 젖어 손을 맞잡던 순간들, 그리고 아무렇지 않게 주고받았던 인사들. 지금 돌아보면, 그 모든 것이 너무도 소중한 기억임을 깨닫습니다. 바람에 흩어진 먼지처럼, 한때 가까웠던 사람들의 말과 웃음도, 작은 흔적을 남기고 내 마음 속을 스쳐갑니다.

여름의 끝자락은 늘 묘하게 쓸쓸합니다. 길게 늘어진 그림자, 저녁노을의 붉은 기운, 잠시 머무르는 바람마저 지난 계절을 아쉬워하는 듯합니다. 저는 그 속에서, 이미 떠나간 사람들에게 건넸던 인사와, 나조차 잊고 있던 저의 마음을 되돌아봅니다. “잘 지냈을까, 어디서 무엇을 하고 있을까.” 조용히 되뇌는 질문들은, 바람 속에서 저만의 속삭임이 되어 사라집니다.

하지만 8월의 바람은 슬픔만을 담고 있지 않습니다. 그것은 지나간 모든 것을 부드럽게 털어내며, 새로운 계절을 준비하라고 속삭입니다. 지나간 인사 속에서 나는 감사와 그리움을 동시에 느낍니다. 함께 웃고, 함께 울고, 함께 걷던 시간들은 제 마음 속에 여전히 살아 숨 쉬며, 저를 단단하게 만듭니다.

바람에 흔들리는 나뭇잎처럼, 나의 기억과 감정도 흔들립니다. 하지만 그 흔들림 속에서 저는 깨닫습니다. 지난 인사와 추억은 흩어졌지만, 마음속에 남은 온기는 사라지지 않는다는 것을. 그것은 저를 지탱하고, 앞으로 나아갈 힘이 되어 줍니다.

8월의 저녁, 하늘은 붉게 물들고 바람은 여전히 내 얼굴을 스칩니다. 저는 눈을 감고, 지난 인사들을 떠올리며 조용히 미소 짓습니다. 흩어진 시간 속에서 저는 배웁니다. 사랑과 우정, 인연과 이별, 그 모든 것이 제 삶을 이루는 작은 결절임을. 그리고 저는 다시 바람 속으로, 새로운 계절을 향해 한 걸음 내딛습니다.

9월의 사랑 인사

오색 꿈을 담은 9월의 첫날, 우리는 새로운 계절의 시작점에 서 있습니다. 자연은 과학적으로도 매 계절마다 새로운 주기를 보여줍니다. 태양의 기울기와 지구의 자전축이 만들어내는 변화 속에서 9월은 낮과 밤이 점점 균형을 이루어 가는 길목, 추분(秋分)을 향해 나아갑니다. 이 균형은 단순한 천문 현상을 넘어, 우리 삶 속에서도 조화와 화해의 지혜를 일깨워 줍니다.

공자는 "덕은 과유불급(過猶不及), 즉 지나침도 부족함도 아닌 균형에서 비롯된다"고 말했습니다. 이는 곧 9월의 빛깔이 우리에게 주는 교훈과도 닮아 있습니다.

저는 이 달을, 그저그저 소소한 일상에서 서로의 손을 잡고 미소 지으며 걷는 정다운 동행의 시간으로 채색하고 싶습니다. 뇌과학에서도 밝혀졌듯, 함께 웃을 때 분비되는 엔도르핀과 옥시토신은 스트레스를 줄이고 신뢰와 사랑을 더욱 깊게 만들어 준다고 합니다. 우리가 나누는 미소 하나, 따뜻한 손길 하나가 곧 과학적으로도 사랑의 씨앗이 되어 주는 셈입니다.

사랑하는 여러분, 9월의 길 위에서 우리 마음속 훈풍이 일렁여 서로를 덥히고, 작은 웃음이 맞잡은 손끝을 통해 전해지며, 결국엔 사랑의 열매가 주렁주렁 맺히는 달이 되기를 소망합니다.

“혼자가면 빨리 가지만, 함께 가면 멀리 간다”(아프리카 속담)라는 말처럼, 이 9월은 우리 모두가 함께 걸으며 더 멀리, 더 깊은 행복으로 향하는 여정이 되기를 소망합니다.

구월의 바람결에 사랑을 실어, 소중한 여러분께 드리는 한 송이 인사를 드립니다.

찰나 속에 피어나는 인연의 꽃

지리한 여름의 열기를 밀어내고, 한 모금 스며드는 가을 내음은 우리로 하여금 시간이 여전히 존재하고 있음을 일깨워 줍니다. 낮과 밤이 고르게 물드는 투명한 가을빛 하늘 아래에서, 계절의 변화를 바라보는 것은 곧 삶의 무상함과 순환의 질서를 마주하는 일입니다.

삶은 덧없는 찰나들의 연속이지만, 그 속에는 결코 우연이라 부를 수 없는 필연이 숨어 있습니다. 마르쿠스 아우렐리우스는 『명상록』에서 이렇게 말했습니다.
“모든 것은 서로 연결되어 있으며, 어떤 일도 단독으로 일어나지 않는다.”

돌이켜보면 지나온 만남들은 모두 필연의 흔적이었습니다. 그러나 그 가운데서도 유난히 떠오르는 인연들이 있습니다.
잘해주지 못했던 인연, 바쁜 일에 쫓겨 매정하게 굴었던 인연, 저의 알량한 가치관 때문에 배척했던 인연, 욕심에 눈이 멀어 부딪히고 상처 주었던 인연…. 지금 돌이켜보면 그 모든 순간이 부끄럽고 아쉽습니다. 하지만 그 아쉬움조차도 오늘의 저를 일깨우는 소중한 자산이 되었음을 부정할 수 없습니다.

자주 보지 못하더라도, 물질적 풍요를 나누지 못하더라도, 마음으로 어루만지는 순간만은 영겁의 시간으로 이어집니다. 이는 곧 인연이 운명처럼 다가와 우리의 삶을 감싸는 순간이 아닐까요?

헤르만 헤세는 “사랑하는 것은 서로를 바라보는 것이 아니라 같은 방향을 함께 바라보는 것”이라 했습니다. 그렇기에 만남의 깊이는 빈도나 외형적 조건이 아니라, 같은 시간을 살아내며 마음을 주고받는 순간에서 비롯됩니다.

삶의 울타리 속에서 우리는 때로 고립감을 느끼고, 서로의 안부를 자주 묻지 못하기도 합니다. 그러나 사랑과 인연은 거리에 있지 않고, 마음을 건네는 순간의 진정성에 있습니다. 작은 찰라라도 진심을 담는다면, 그것은 시간의 무게를 넘어선 사랑의 꽃으로 피어납니다.

가을은 풍요를 상징하는 계절이지만, 진정한 풍요는 물질이 아니라 관계 속에서 피어나는 따뜻함에 있습니다. 지나온 만남들, 앞으로 다가올 설레는 만남들~그 모든 연결은 소중한 삶의 자산입니다.

그러므로 저는 이 모든 인연에게 고백하고 싶습니다.
“당신과 이어진 순간들로 인해 나의 삶은 이미 풍요롭습니다. 사랑합니다.”

그리고 무엇보다도, 지나온 아쉬운 인연들에게, 그리고 앞으로도 저의 어리석음으로 인해 상처받을 수 있을 인연들에게, 이 자리를 빌려 고백합니다.
“미안합니다. 그 미안함 또한 사랑의 또 다른 이름임을 잊지 않겠습니다.”

사랑의 여러 이름

살다 보면 우리는 일상 속에서 참 자주 "사랑"이라는 말을 사용합니다. 누군가에게서 그 말을 들으면 마음은 괜스레 따뜻해지고, 스스로 입에 담을 때에도 가슴은 포근해집니다. 그러나 이처럼 친숙한 사랑이라는 단어를 조금만 깊이 들여다보면, 그것은 단순히 하나의 감정이 아님을 깨닫게 됩니다. 사랑은 여러 얼굴을 가지고 있고, 삶의 여정 속에서 그 빛깔과 무게가 달라집니다.

고대 그리스인들은 이미 이러한 사실을 통찰하고 있었습니다. 그들은 사랑을 단일한 개념으로 묶지 않고, 성격과 성질에 따라 나누어 표현했습니다. 열정과 욕망에서 비롯된 본능적 사랑인 에로스(Eros), 서로를 지탱하고 우정과 신뢰로 이어지는 필리아(Philia), 그리고 자신을 넘어 타인을 온전히 품는 헌신적 사랑인 아가페(Agape). 이 세 가지 사랑은 인간의 삶 속에서 끊임없이 교차하며 성장합니다.

저 역시 제 삶을 돌아보면 그 길 위를 걸어왔음을 알게 됩니다. 처음 아내를 사랑했을 때의 마음은 분명 에로스였습니다. 뜨겁고 간절하며, 온 마음이 한 사람을 향해 몰두하는 열정이었습니다. 그러나 시간이 흐르며 가정을 이루고 아이들이 태어나자, 우리의 사랑은 조금씩 다른 모습을 띠게 되었습니다. 같은 목표를 향해 함께 걸으며, 서로의 짐을 나누고 기쁨을 함께 나누는 동반자가 되었습니다. 그때부터 사랑은 필리아의 사랑으로 깊어졌습니다. 그리고 이제는 조금씩, 그러나 분명하게 아가페의 사랑을 향해 나아가고 있음을 느낍니다.

예수께서 말씀하신 "원수를 사랑하라"는 구절은 인간에게 가장 실천하기 어려운 가르침일지도 모릅니다. 그러나 그 말씀 속에는 자기 자신을 존중하는 사랑과 타인을 품는 사랑이 함께 담겨 있습니다. 나 자신을 아끼고 존중하기에 다른 이를 미워하지 않으며, 나를 돌보듯 이웃을 돌보는 것, 바로 그 안에 아가페의 본질이 깃들어 있습니다.

사랑이 성숙한다는 것은 단순히 시간이 흐른다는 뜻이 아닙니다. 성숙한 사랑은 나의 욕망을 넘어서 타인의 존재를 있는 그대로 존중하고, 서로의 부족을 채우며 함께 더 큰 선을 이루어 가는 과정입니다. 처음에는 내가 원하는 것을 위해 사랑하지만, 시간이 지나면서 사랑은 내가 가진 것을 나누고, 상대의 기쁨을 자신의 기쁨으로 받아들이는 것으로 변화합니다. 성숙한 사랑은 바로 이 변화 속에서 피어나며, 그 사랑은 결국 저 자신을 넘어선 더 큰 세계와도 연결됩니다.

그래서 저는 매일 아침 기도합니다. 오늘도 제 사랑이 설레기를, 오늘도 제 하루가 사랑의 기도가 되기를 말입니다. 사랑은 그 자체로 멈춰 있는 감정이 아니라, 날마다 다시 시작해야 하는 선택이자 실천이기 때문입니다.

지금 이 순간도 저는 지난날의 모든 인연과 앞으로 다가올 인연 앞에 사랑의 인사를 드립니다. 저의 사랑이 에로스에서 시작하여 필리아로 자라고, 마침내 아가페로 숙성되듯, 우리의 삶 속 사랑 또한 더 깊고 넓어지기를 소망합니다.

당신의 삶이 사랑되어 늘 설레임 지으시길…

은은히 빛추우는 사랑

어린 시절, 저는 어머니께 한 가지 소중한 가르침을 받았습니다.
"네가 한 일을 굳이 드러내지 말아라. 남이 알아주지 않아도 괜찮다."
그 말씀은 평생 제 마음속에 남아 삶을 비추는 등불이 되었습니다.

우리는 누구나 자신이 한 일을 알리고 싶어 합니다. 성취를 했을 때 칭찬을 받고 싶고, 누군가를 도왔을 때는 그 고마움을 듣고 싶어집니다. 그러나 어머니는 말씀하셨습니다. "그 순간 이미 너는 상을 받은 거야." 베풀고 난 뒤 느끼는 내적인 충만감, 그것이야말로 진짜 보상이라는 것이지요.

세상에서는 흔히 "공치사"나 "생색내기"라는 말을 합니다. 자존감이 낮을수록 사람은 타인의 시선에서 확인받으려 합니다. 그래서 자기의 선행을 자랑하고, 남이 모르는 업적을 굳이 입 밖으로 꺼내곤 하지요. 그러나 이상하게도 그 순간, 공은 무게를 잃습니다. "공은 말하는 순간 입으로 간다"는 말처럼, 생색은 진정한 가치를 희석시켜 버립니다.

공자는 이렇게 말했습니다. "군자는 공을 남에게 돌리고 허물은 스스로에게 돌린다." 진정한 겸손이란 사람들 앞에서 억지로 고개를 숙이는 것이 아닙니다. 그보다는 공동체와 타인을 위해 보이지 않는 곳에서 묵묵히 힘을 보태고, 책임을 떠맡으면서도 공이 논해질 때는 기꺼이 뒤로 물러서는 태도에 있습니다.

심리학에서도 비슷한 이야기를 전합니다. 타인을 돕는 행위는 뇌의 보상 체계를 자극해 돕는 이에게도 행복감을 선물합니다. 이를 '헬퍼스 하이(helper's high)'라 부릅니다. 결국, 선행은 이미 행동하는 순간 우리 마음속에 깊은 기쁨을 남깁니다. 그러니 굳이 자랑할 필요가 없는 것입니다.

물론 이 삶의 태도를 실천하는 일은 쉽지 않습니다. 인정받고 싶다는 갈망은 인간 본성의 일부이기 때문입니다. 그러나 오래전부터 사람들은 그 어려움을 넘어서는 삶의 지혜를 전해왔습니다.
"빛은 스스로 드러내지 않아도 어둠 속에서 더욱 선명하다."
"좋은 향기는 숨기려 해도 멀리 퍼져나간다."
사람의 선한 마음과 사랑도 이와 같아, 드러내지 않아도 결국은 전해지고 맙니다.

사랑이란 은은해야 합니다. 눈에 띄게 요란한 사랑은 때로는 상대를 짓누르지만, 묵묵히 흘려보내는 사랑은 시간이 갈수록 깊은 울림을 남깁니다. 저는 그래서 오늘도 다짐합니다. 나의 원함보다 우리의 원함을 앞세우자. 내 공을 드러내기보다, 공동의 기쁨 속에서 보람을 찾자.

세월이 흐른 뒤 사람들은 화려한 말보다 묵묵한 행동을 기억합니다. 누군가를 위해 기꺼이 희생하고도 생색내지 않는 마음, 그 은은한 선의가 결국에는 한 사람의 존재를 더 깊고 선하게 빛나게 합니다. 저는 그 믿음을 붙잡으며 오늘도 세상을 향해 작은 미소를 지어봅니다. 그것이 어머니께서 제게 가르쳐주신 길이자, 제가 살아가고자 하는 은은히 빛추우는 사랑의 방식이기 때문입니다.

우리라는 이름의 선물

우리가 살아가는 길 위에는 수많은 인연이 놓여 있습니다. 그 인연들은 마치 강물에 흘러드는 여러 지류처럼 서로 다른 색과 결을 지니고 있지만, 결국은 하나의 큰 흐름으로 합쳐져 우리의 삶을 이루어 갑니다. 그 모든 흐름의 근저에는 언제나 "우리"라는 이름이 있습니다.

세상에 첫발을 내딛는 순간, 가장 먼저 마주하는 인연은 부모입니다. 부모와의 만남은 내가 선택할 수 없는, 하늘이 허락한 가장 큰 선물입니다. 어머니의 품은 처음 맞이하는 세상의 온도였고, 아버지의 손길은 처음 배운 세상의 울림이었습니다. 가족이라는 울타리는 단순한 관계가 아니라 삶의 뿌리이자 숨결이었습니다. 부모와의 인연은 선택이 아닌 운명이었기에, 더욱 신비롭고 깊은 빛을 발합니다.

시간이 흐르면 우리는 또 다른 선물을 받습니다. 바로 친구라는 인연입니다. 어린 시절과 청소년기의 친구는 이해타산 없이 다가오는 순수 그 자체였습니다. 사회적 책임도, 의무도 없는 그 시절의 만남은 계산이 없었기에 더욱 빛났습니다. 웃음과 눈물이 뒤섞인 시간, 손을 잡고 달리던 골목길, 깊은 밤 별빛 아래 속삭이던 비밀들. 그 모든 순간이 모여 '우리'라는 순수한 언어를 새겨 주었습니다.

성인이 되어 사회에 발을 내딛으면 인연의 무게는 달라집니다. 직장 동료와 사회에서 만나는 관계는 책임과 의무를 바탕으로 이루어집니다. 서로의 이익과 성과를 위해 협력해야 하고, 때로는 갈등 속에서도 이해와 양보를 배워야 합니다. 이 시기의 '우리'는 단순한 감정적 교감이 아니라, 함께 짊어진 무게를 나누며 만들어지는 성숙한 연대입니다.

그리고 인생의 가장 깊고 특별한 만남, 부부라는 인연이 찾아옵니다. 부모와의 인연이 선택할 수 없는 것이었다면, 부부의 인연은 스스로가 선택한 길입니다. 그래서 더욱 책임이 따르고, 의무가 생깁니다. 두 사람이 서로의 생을 나누겠다고 다짐하는 순간, '나'와 '너'는 사라지고 오직 '우리'만이 남습니다. 이 인연은 때로는 고단한 삶의 풍파를 함께 맞으며 다져지고, 때로는 작은 기쁨 하나에 크게 웃으며 단단해집니다.

부부라는 인연은 단지 두 사람만의 결합으로 머무르지 않습니다. 그 만남은 양쪽 가족을 잇는 다리가 되어, 또 다른 넓은 '우리'를 탄생시킵니다. 새로운 부모님이 생기고, 형제자매가 늘어나며, 처제라는 여동생이 곁에 더해지기도 합니다. 어느 순간, 내 가족은 두 배가 되었고, 삶은 이전보다 훨씬 더 풍성해졌습니다. 함께 모여 웃고, 기쁨을 나누며, 때로는 슬픔을 함께 견디는 더 큰 '우리'가 된 것입니다. 이 확장은 단순한 숫자의 증가가 아니라, 마음의 폭이 넓어지는 경험이자 또 하나의 축복이었습니다.

그 속에서 다시 태어나는 선물은 자식입니다. 아이는 부모를 선택하지 않았지만, 부모의 선택으로 세상에 나옵니다. 그렇기에 부모는 자식을 돌보고 키워야 할 책임과 의무를 지닙니다. 하지만 그보다 앞서, 부모의 가슴에는 설명할 수 없는 사랑이 이미 새겨져 있습니다. 조건 없는 사랑, 이유를 묻지 않는 사랑. 아이의 숨결 하나, 미소 하나가 부모의 삶 전체를 밝혀 주는 기적이 됩니다. 이 또한 '우리'라는 이름으로 피어난 또 하나의 선물입니다.

그렇다고 인연이 가족과 친구, 직장, 부부와 자식으로만 국한되는 것은 아닙니다. 우리의 삶은 훨씬 더 다채로운 만남 속에서 이어집니다. 자주 가는 식당의 주인과도 우리는 익숙한 인사를 나누며 어느새 따뜻한 '우리'가 됩니다. 단골 술집에서 잔을 기울이며 나누는 대화 속에도 작은 위로의 '우리'가 있습니다. 슈퍼마켓 계산대에서 마주하는 친근한 미소 역시 매일을 지탱해 주는 생활 속의 '우리'입니다.

종교 활동 속에서 함께 기도하고 노래하는 사람들과도 우리는 하나의 마음으로 묶입니다. 취미 활동에서 만나 웃고 배우며, 같은 관심사를 공유하는 이들과도 우리는 새로운 '우리'를 만들어 갑니다. 심지어 길을 걷다 우연히 부딪히고 스쳐 간 인연조차도 잠시나마 우리의 하루를 물들이는 '우리'가 됩니다.

삶은 이렇게, 크고 작은 우리들의 합창으로 이루어집니다. 가장 환한 순간에는 늘 '우리'라는 미소가 있었고, 가장 어두운 밤에도 '우리'라는 위로가 있었습니다. 혼자서는 건널 수 없었던 다리도, 함께여서 끝내 건널 수 있었고, 혼자서는 감당할 수 없던 고통도 '우리'라는 이름으로 끝내 이겨낼 수 있었습니다.

돌아보면 인생은 '나'의 기록이 아니라 '우리'의 이야기였습니다. '우리'라는 이름은 단순한 호칭이 아니라, 삶의 무게를 덜어주고 의미를 더해 주는 가장 아름다운 언어입니다. 그것은 책임과 사랑이 함께 빚어낸 기적이며, 끝내 우리를 지탱하는 삶의 뿌리입니다.

그래서 저는 말하고 싶습니다. 제 삶에서 가장 빛나는 선물은 다름 아닌 "우리"라는 이름이었다고… 그것은 순간마다 나를 살게 했고, 지금 이 글을 쓰게 했으며, 앞으로도 내 삶의 길을 밝혀 줄 가장 큰 축복입니다.

세상이라는 강 위에 놓인 다리

사랑이란 결국 마음 안에 머무는 빛이 아니라, 밖으로 흘러 세상을 비추는 힘이라는 것을 저는 알게 됩니다. 개인의 마음이 타인에게 닿고, 그 따스함이 여러 관계를 잇는 순간, 우리는 이미 작지만 견고한 다리를 놓기 시작한 것입니다. 그 다리는 눈에 보이지 않을지라도, 하루하루의 행동과 선택 속에서 천천히, 그러나 확실히 세상을 향해 이어집니다.

제가 누군가의 손을 잡아주고, 그 마음이 돌아와 다른 사람에게 닿았을 때, 그 작은 울림은 거대한 강 위에 놓인 다리가 되어 흐릅니다. 사랑의 출발은 언제나 내 안의 성찰과 이해에서 비롯되지만, 그 끝은 단순히 나와 한 사람의 관계에 머무르지 않습니다. 마음이 행동으로 변하고, 행동이 반복되어 삶의 한 자리를 밝힐 때, 그 사랑은 자연스럽게 사회적 울림으로 확장됩니다.

사랑은 눈에 보이는 기적만을 요구하지 않습니다. 길을 잃은 이에게 건네는 친절한 말 한마디, 고단한 하루를 버티는 누군가를 위한 작은 도움, 정의롭지 않은 상황 앞에서 망설임 없이 행동하는 용기, 이 모든 순간은 개인적 사랑이 세상을 향한 다리로 놓이는 과정입니다. 그 다리는 강 위에 굳건히 서 있지만, 동시에 유연하게 흐름을 따라 흔들립니다. 세상이라는 강은 끊임없이 변화하고, 때로는 폭풍우에 흔들리지만, 다리는 사랑과 연대라는 뿌리로 강하게 붙어 있습니다.

사랑이 확장될 때, 저는 비로소 개인의 삶과 시대적 과제가 연결되는 것을 느낍니다. 내 마음을 알아주고 이해해준 사람을 향한 감사와 책임이, 나를 넘어 사회와 공동체를 향한 관심과 행동으로 이어집니다. 한 사람의 손길이 다른 사람을 돕고, 또 다른 손길로 연결될 때, 사랑은 강 위를 지나 세상 전체로 퍼지는 빛이 됩니다.

저는 압니다. 사랑은 결코 머무는 곳에서만 완성되지 않는다는 것을. 그것은 내 안에서 시작되지만, 밖으로 흘러 세상을 만나야 완전히 살아납니다. 강 위에 놓인 다리는 그 사랑의 궤적이며, 우리가 마주하는 모든 도전과 어려움 위를 안전하게 건널 수 있는 길입니다.

그래서 저는 다짐합니다. 내 마음의 빛이 닿는 작은 행동을 멈추지 않겠다고, 내 사랑이 머무르는 자리에서 세상을 향한 다리를 계속 놓겠다고, 그렇게 놓인 다리는 결국 나만의 것이 아니라, 우리 모두의 길이 되어 서로에게 손을 내밀 수 있는 힘이 되리라는 것을 믿습니다.

제4장

길 위에서 배우는 삶

삶은 늘 길 위에서 배운다.
넘어짐은 다시 달릴 이유가 되고,
빈틈은 웃음을 낳으며,
도전 속에서 우리는 단순함의 진리를 배운다.

놀이와 기억의 두 얼굴

사람의 기억 속에서 놀이는 단순한 유희가 아니라, 삶의 진실을 드러내는 무대가 되곤 합니다.
우리 전통의 어린이 놀이 가운데에는 구슬치기, 딱지치기, 삼치기, 홀짝과 같은 승부형 놀이가 있었습니다. 놀이판은 작은 사회였고, 그 안에는 기술, 운, 욕망, 심지어 인간관계의 힘까지 작용하였습니다. 어린 시절 제가 그 무대의 '제패자'였다는 사실은 지금 돌이켜보면 부끄럽기도 하지만, 당시에는 하나의 권력과 성취였습니다.

그러나 놀이의 규칙이 깨지고 욕망이 극단으로 흐르는 순간, 그것은 단순한 놀이가 아니라 폭력의 도화선이 되었습니다. 말을 더듬던 형과의 승부에서 모든 것을 빼앗고, 심지어 집에서 가져온 돈까지 잃게 만든 일은 결국 그 형의 분노를 불러왔고, 저는 돌에 맞아 정신을 잃었습니다.
그날의 기억은 단순한 추억이 되지 못하고 제 안에서 "사행과 욕망의 위험"을 각인시킨 트라우마로 남았습니다. 이후 저는 도박이나 사행성 게임을 단 한 번도 하지 않았습니다. 고통이었지만, 동시에 삶을 지켜주는 경계가 된 셈입니다. 옛사람이 말했듯, "불행은 때로는 가장 충실한 스승이 된다"는 말이 떠오릅니다.

반면, 군 제대 후 추석에 겪은 사건은 성격이 달랐습니다. 배탈로 인해 몸은 힘들었지만, 오랜만에 만난 친구들과의 술자리에서 억지로 술을 마시다 결국 길 위에서 실수를 하고 말았습니다. 그것은 분명 부끄러운 일이었습니다. 그러나 그날 친구들이 보여준 태도는 달랐습니다. 저를 놀리기보다 뒷처리를 도우며 체면을 지켜주려 애썼고, 이후에야 그 일을 가볍게 웃음거리로 삼았습니다.
그 기억은 저에게 상처가 아니라, 순수한 우정과 배려가 빛난 추억으로 남았습니다.

이 두 사건을 돌아보면, 트라우마와 추억의 차이는 단순히 결과의 크고 작음에 있지 않습니다. 욕망이 충돌하여 관계를 파괴할 때, 기억은 트라우마로 남습니다. 그러나 순수한 마음과 배려 속에서 생긴 실수는 시간이 흘러 추억으로 승화됩니다.

물론, 의학적으로 말하는 트라우마의 원인과 증상, 그리고 치료 방식은 매우 다양합니다. 어떤 분들은 사고나 폭력, 혹은 전쟁과 같은 극한 상황에서 평생 지워지지 않는 상처를 안고 살아가기도 합니다. 이 과정에서는 뇌의 기억 체계와 감정 조절 기능이 영향을 받아, 작은 자극에도 공포와 불안을 재경험하게 됩니다. 그렇기에 트라우마는 개인의 의지나 단순한 시간의 흐름만으로 치유되기 어려우며, 세심한 관심과 전문적인 치료적 접근이 필요합니다.

그럼에도 불구하고 인간의 기억은 단순히 병리적 흔적만을 남기는 것이 아닙니다. 어떤 기억은 가시처럼 아프게 남아 삶의 길을 경계하게 만들고, 어떤 기억은 꽃처럼 피어나 웃음과 따뜻함을 안겨줍니다. 결국 우리는 "기억이라는 토양 속에서 상처와 꽃을 동시에 키워내는 존재"라 할 수 있습니다.

추억은 우리의 삶을 부드럽게 감싸는 향기이고, 트라우마는 때때로 삶을 바르게 이끄는 경고의 종소리입니다. 인간의 성장은 이 둘을 동시에 품을 수 있을 때, 비로소 더 깊고 단단해집니다.

창조적 파괴의 시대, 우리가 서 있는 길목에서

세상은 지금 눈부신 속도로 변하고 있습니다. 인류는 지난 수세기 동안 수많은 변혁을 겪어왔지만, 오늘날의 변화는 그 어느 때보다 가속화되고 있습니다. 디지털 혁명, 인공지능(AI), 휴머노이드 로봇, 우주 산업, 그리고 빅데이터 기반의 게놈(genome) 바이오 기술까지, 과학과 기술은 인간의 상상력을 뛰어넘어 현실을 새롭게 써 내려가고 있습니다.

이러한 변화 속에서 중요한 사실은 단 하나입니다. 실질적으로 도움이 되는 기술일수록, 경제적 부가가치는 기하급수적으로 커진다는 점입니다. 경제학자 요제프 슘페터(Joseph Schumpeter)가 비엔나 대학 시절부터 강조했던 '창조적 파괴(Creative Destruction)'는 단순한 이론이 아니라, 지금 우리가 마주한 현실 그 자체입니다. 기존의 기술과 질서를 대체하는 새로운 혁신이야말로 가장 강력한 경제적 가치를 창출한다는 그의 통찰은, 오늘날 4차 산업혁명이라는 격랑 속에서 다시금 생생히 살아 움직이고 있습니다.

창조적 파괴와 경제적 가치

슘페터의 이론은 단순히 파괴의 미학이 아닙니다. 그것은 경제 생태계의 진화를 설명하는 과학적 법칙입니다. 생물학에서 진화가 돌연변이와 자연선택을 통해 새로운 종을 낳듯, 경제에서도 창조적 기술 혁신은 기존의 질서를 무너뜨리며 새로운 질서를 세웁니다. 증기기관이 농경사회를 산업사회로 바꾸었듯, 오늘날 인공지능은 서비스와 제조업의 구조를 근본적으로 다시 쓰고 있습니다.

실제로 연구에 따르면, 새로운 기술을 최초로 상용화한 기업은 후발 주자 대비 평균 10배 이상의 시장 점유율과 수익성을 확보한다고 합니다. 반면 단순한 모방이나 개선에 머무는 기업은 시간이 갈수록 부가가치가 현저히 낮아집니다. 이것은 과학적 데이터로 입증된 경제 생태계의 냉혹한 법칙이라 하겠습니다.

AI와 미래 산업의 전환점

오늘날 우리는 AI의 일반화(generalization)와 생성형 모델(generative AI)의 등장을 목도하고 있습니다. 이 기술들은 단순한 자동화 수준을 넘어, 인간의 창의적 사고를 보완하고 확장합니다. 휴머노이드는 인간의 노동과 서비스를 대신할 준비를 하고 있으며, 우주 산업은 저궤도 위성 네트워크와 화성 탐사를 통해 인류 문명의 지평을 넓혀가고 있습니다. 또한 게놈 바이오는 빅데이터와 결합해, 개인 맞춤형 의학과 수명 연장의 가능성을 열어가고 있습니다.

이러한 흐름은 단순한 산업 트렌드가 아니라, 새로운 문명 전환의 징후라 할 수 있습니다. 인간은 더 이상 자연을 단순히 이용하는 존재가 아니라, 기술을 통해 스스로 '진화'를 설계하는 주체가 되어가고 있습니다.

불확실성과 자본의 이동

그러나 이러한 창조적 변화에는 불확실성이라는 그림자가 따라옵니다. 혁신은 언제나 자본의 방향을 뒤흔들며, 투자자들에게는 기회와 위기를 동시에 안겨줍니다. 인공지능과 바이오 기업에 대한 글로벌 투자액은 2024년 기준 연간 2조 달러를 돌파하였지만, 성공과 실패의 편차는 극심합니다. 자본은 기술의 본질적 가치를 평가하기보다 '눈치'를 보며 빠르게 이동하고, 그 과정에서 경제 전체가 불안정성을 안게 됩니다.

더 나아가 국가 간 경쟁은 갈수록 치열해지고 있습니다. 인공지능 반도체를 둘러싼 미국과 중국의 갈등, 우주 탐사 주도권을 두고 벌어지는 국제 협력과 긴장, 유전자 데이터에 대한 윤리적 · 법적 논쟁은 그 일부에 불과합니다. 기술적 우위는 곧 경제적 패권을 의미하기에, 글로벌 신경전은 앞으로 더욱 거세질 것입니다.

생존을 위한 새로운 합의

이러한 환경 속에서 인류가 선택해야 할 길은 분명합니다. 생존을 위해 화합하는 것입니다. 정치도, 경제도, 사회도 결국은 인간이 어떻게 먹고 살 것인가라는 근본 문제로 수렴됩니다. 이를 위해서는 우리 사회가 단순한 소비자가 아니라, 창조적 파괴를 실행하는 주체가 되어야 합니다.

이때 핵심은 창조적 역량(Creative Capacity)입니다. 교육은 더 이상 암기식 지식 전달에 머물러서는 안 되며, 문제를 새롭게 정의하고 해결할 수 있는 사고를 길러야 합니다. 기업은 단기적 이익보다 장기적 창조적 투자를 우선시해야 합니다. 국가 또한 제도와 정책을 통해 혁신 생태계를 보호하고 육성해야 할 것입니다.

우리의 뉴스, 우리의 미래

궁극적으로 우리의 미래는 무엇을 주목하고, 어디에 가치를 두느냐에 달려 있습니다. 뉴스가 단순한 정치적 공방이나 자극적인 사건에 치중한다면, 사회는 필연적으로 단기적 소모전에 빠질 수밖에 없습니다. 반대로 인류 문명을 바꾸는 창조적 혁신과 그 가치를 조명한다면, 사회 전체가 미래를 향한 집단적 의지를 모을 수 있을 것입니다.

“무엇에 귀 기울이는가가 곧 우리의 미래를 만든다.”
지금 우리는 그 중요한 분기점에 서 있습니다.

신은 여전히 인간이라는 매개체를 통해 세상을 창조하고 계십니다. 그리고 그 창조의 대가로 인간에게 경제적 부유와 문명의 진보를 허락하십니다. 슘페터의 이론이 말하듯, 파괴적 혁신은 단순한 경제 현상이 아니라 인류가 진보하는 방식 그 자체입니다.

이제 우리에게 필요한 것은 두려움이 아니라 창조의 용기, 그리고 함께 나아가는 화합의 의지입니다. 우리가 이 거대한 변혁의 파도를 기회로 바꿀 수 있다면, 우리의 미래는 단순히 생존을 넘어 인류의 새로운 서사로 빛날 것입니다.

넘어져도 계속 달리는 이유

길 위의 삶은 끝이 보이지 않는 달리기와 닮아 있습니다. 우리는 저마다의 목표를 향해 달려가지만, 그 과정에서 수없이 넘어지고 무릎을 다칩니다. 그러나 이상하게도 사람은 다시 일어나 달리기를 멈추지 않습니다. 왜일까요?

넘어짐은 실패가 아니라 과정입니다. 아이가 걷기를 배우는 순간 하루에도 수십 번씩 넘어집니다. 그 넘어짐 속에서 균형을 배우고, 결국 당당히 걸어 나아갑니다. "실패란 넘어지는 것이 아니라, 일어서지 않는 것이다." 라는 중국 속담처럼, 삶에서의 쓰라린 순간은 우리를 무너뜨리려는 것이 아니라 더 단단히 세우기 위한 장치일지도 모릅니다.

저의 사랑스러운 딸 역시 그 길을 걸어왔습니다. 어려서부터 무용을 사랑하였고, 춤으로 세상의 힘든 이들을 치유하겠다는 사명을 품었습니다. 그러나 아빠로서 넉넉히 도와주지 못한 탓에 많은 어려움을 겪으면서도 무대를 지켜냈습니다. 콩쿠르 무대에서는 수없이 넘어지고 좌절하였지만, 결국 늦게나마 최고상을 받았고, 이후 국내의 공연에서 자랑스러운 역할을 묵묵히 소화해냈습니다. 코로나로 세계가 닫혔던 시절에도 딸은 멈추지 않고 유럽의 여러 무용단을 돌며 여러 무용 장르를 배웠고, 자기만의 무용 이야기를 만들어 가고 있습니다.

지금 그녀는 무용을 매개로 치유의 워크숍을 열고 있으며, 무용과 연극

이 결합된 무대인 슬립 노 모어에서 새로운 도전을 하고 있습니다. 넘어지고 일어서고, 또 달리기를 반복하는 삶 속에서 딸이 품은 단 하나의 목표는 단순합니다. "자신의 춤으로 세상 사람들을 토닥이며 행복하게 하고 싶다." 아빠로서 바라보는 지금의 그녀는 더 이상 어린 딸이 아니라, 세상과 어깨를 맞대고 서 있는 한 명의 성숙한 어른으로서 참으로 대견하고 자랑스럽습니다.

길은 멈추는 순간 사라지지만, 달리는 동안만 열립니다. 심리학자 앤절라 더크워스가 말했듯, 성공을 만드는 것은 타고난 재능이 아니라 멈추지 않는 끈기입니다. 그래서 우리는 넘어져도 다시 달립니다.

넘어짐은 우리를 무너뜨리는 사건이 아니라, 오히려 "나는 왜 이 길을 달리는가?"를 묻게 하는 은밀한 스승입니다. 토머스 에디슨이 수천 번의 실패 끝에 전구를 발명하며 "나는 실패한 적이 없다. 다만 작동하지 않는 방법을 발견했을 뿐이다."라고 말하였던 것처럼, 넘어짐은 방향을 확인하고 나아갈 힘을 되찾는 기회가 됩니다.

삶은 결국 넘어졌다가 다시 일어나는 연속적인 과정입니다. 공자는 "우리가 멈추지 않는 한, 얼마나 천천히 가는지는 중요하지 않다."라고 하였습니다. 인생의 빛나는 순간은 결승선이 아니라, 멈추지 않고 달려온 그 모든 발걸음 속에 있습니다.

그래서 우리는 넘어져도 다시 달립니다. 그것은 단지 승리를 얻기 위해서가 아닙니다. 살아 있다는 증거이며, 여전히 가능성이 남아 있다는 믿음

때문입니다. 그리고 무엇보다 세상을 춤으로 치유하겠다는 한 무용가의 눈빛 속에서 저는 그 진실을 봅니다. 목표가 선하고 뚜렷하다면, 환경이 거칠고 수많은 넘어짐이 있더라도 결국 다시 일어설 힘이 생기는 것입니다.

시련 속에서 발견하는 길

인류의 역사는 끊임없는 전환의 순간들로 이어져 왔습니다. 진화론의 관점에서 보더라도 위기는 단순한 끝이 아니라, 더 나은 적응을 요구하는 전환점이었습니다. 찰스 다윈이 말했듯이, "가장 강한 종이 살아남는 것이 아니라, 변화에 가장 잘 적응하는 종이 살아남는다." 시련은 우리를 무너뜨리는 것이 아니라 방향을 수정하라는 메시지일 수 있습니다.

삶에서도 마찬가지입니다. 잘못된 욕망이나 관계에 집착할 때, 우리는 종종 고난이라는 신호를 맞이합니다. 이는 사랑 없는 길에서 벗어나도록 이끄는 자연의 자정 작용이며, 새로운 문을 열기 위한 과정입니다. 닫히는 문은 아픔을 남기지만, 그 속에서 새로운 가능성은 조용히 준비되고 있습니다.

심리학에서는 이를 인지적 재평가(cognitive reappraisal)라고 부릅니다. 고난을 단순한 불행이 아니라 성장의 신호로 받아들일 때, 우리는 더 큰 수용력과 성숙한 관계 능력을 얻게 됩니다. "시련은 위대한 스승이다"라는 말처럼, 고통은 우리를 겸허하게 만들고, 삶의 본질적 가치를 돌아보게 합니다.

AI와 기술혁명이라는 거대한 시대의 물결 속에서도 이 통찰은 유효합니다. 기술은 우리의 손에 쥔 도구이자 방향을 바꾸는 힘입니다. 그러나 그것이 사람을 소외시키거나 욕망만을 키운다면, 결국 우리 스스로의 길을 잃게 될 것입니다. 그러므로 우리는 기술을 통해 서로의 영역을 존중하고, 인간 사랑의 가치를 실현해야 합니다.

고대 로마의 철학자 세네카는 이렇게 말했습니다. “운명은 의지를 가진 자를 이끌고, 의지가 없는 자를 끌고 간다.” 우리가 고난을 은총의 메시지로 받아들이고, 기술을 이웃을 위한 도구로 사용할 때, 삶은 집착이 아니라 나눔으로 충만해질 것입니다.

결국 행복은 미래의 거대한 성취가 아니라, 하루하루 최선을 다하는 마음에서 비롯됩니다. 시련을 은총으로, 기술을 사랑의 사명으로 받아들이는 태도야말로 AI 시대를 살아가는 우리가 붙들어야 할 가장 빛나는 나침반일 것입니다.

빈틈의 미학, 웃음이 머무는 삶

오래 전 어느 모임에서 새로운 분들을 만나 인사를 나누던 때의 일입니다. 저는 한 분 한 분 명함을 주고받으며 “영광입니다” 하고 인사를 드렸습니다. 그런데 제 옆에 계시던 분이 웃으며 모든 분들과 인사할 때마다 “제가 영광인데요”라고 하시는 겁니다. 순간 무슨 뜻인지 몰라 고개를 갸웃하다가 그분의 명함을 확인하니, 영광 군수였습니다. 저는 그 자리에서 빵 터져 웃음을 터뜨렸고, 모임의 공기도 한결 부드럽게 변했습니다. 작은 유머가 사람 사이의 거리를 좁히는 힘을 발휘한 것이지요.

해외 컨퍼런스에 가면 비슷한 경험을 자주 합니다. 딱딱한 분위기 속에서 연사가 던지는 짧은 유머 한마디가 공간의 공기를 바꾸고, 낯선 이들 사이에 친근감을 불어넣습니다. 하버드대 심리학 연구에서도 “웃음은 사회적 윤활유(social lubricant)” 역할을 한다고 밝혔습니다. 즉, 웃음은 경직된 인간관계를 풀어내는 가장 자연스러운 열쇠라는 것이죠.

삶도 마찬가지 아닐까요. 원칙과 규율만으로 꽉 짜여진 삶은 효율적일 수 있지만, 때로는 상대가 들어올 수 있는 작은 빈틈을 내어주는 것이 필요합니다. 그 빈틈에서 피어나는 웃음과 따뜻함이 우리 삶을 훨씬 더 빛나게 만듭니다.

그리고 어느 모임에서든 웃음을 만들어내는 사람은 단순히 분위기를 바꾸는 존재가 아닙니다. 그는 주위를 환하게 비추는 등불처럼, 사람들의 마음을 풍요롭게 하는 관계의 연출자이자, 일상의 순간을 아름답게 빚어내는 창조자입니다.

영국 철학자 버트런드 러셀은 이렇게 말했습니다.
"유머 없는 진리는 인간을 너무 무겁게 만들고, 진리 없는 유머는 가벼움에 머문다."

따뜻한 유머는 바로 그 두 가지를 연결하는 다리입니다. 조금은 엉뚱하고, 조금은 서툴러 보여도, 그 웃음이 사람을 무장 해제시키고 마음을 열게 합니다. 결국 재미있는 삶이란 거창한 것이 아니라, 웃음과 여유를 잃지 않는 일상일 것입니다. 그것이 우리의 가슴을 봄 햇살처럼 따스하게 데워주는 삶의 힘 아닐까요…

이상과 현실 사이

하늘 위에서 내려다보는 숲은 하나의 장관입니다. 초록의 물결이 끝없이 이어지며, 그 자체로 완전한 조화를 이루는 듯 보이지요. 그것이 우리의 이상입니다. 그러나 숲속으로 들어서면 전혀 다른 풍경이 기다립니다. 길은 쉽게 끊기고, 가시덤불이 발목을 붙잡으며, 쓰러진 나무가 길을 가로막습니다. 때로는 헤매고, 때로는 멈춰 설 수밖에 없는 그것이 우리의 현실입니다.

저는 지난 25년 동안 경영자의 길을 걸으며 이 사실을 더욱 절실히 깨달아 왔습니다. 미래 산업을 예측하고 중장기 전략을 세우며, 그에 맞는 로드맵을 만들고, 다시 그것을 연간 · 월간 · 주간 · 일간 계획으로 나누어 실행해 왔습니다. 그러나 현실은 늘 다르게 흘렀습니다. 더 나은 방향성과 기술, 예기치 못한 경쟁사, 내부 일정의 차질, 심지어 홍수와 같은 천재지변까지도 계획을 무너뜨렸습니다. 계획대로 이루어지는 일보다 이루어지지 않는 일이 훨씬 더 많았습니다.

그럼에도 불구하고 우리는 앞으로 나아가야 했습니다. 그것이 곧 삶이자 경영의 본질이기 때문입니다. 길을 잃은 듯 보일 때조차 발걸음을 멈추지 않는 것이 결국 숲을 벗어나고 새로운 길을 찾는 유일한 방법이었습니다.

삶은 언제나 이상과 현실 사이에서 흔들립니다. 이상은 별빛처럼 멀리서 방향을 알려주고, 현실은 발밑의 거친 흙과 같습니다. 별빛만 바라보다가는 길을 놓치고, 흙만 탓하다가는 길을 잃습니다. 중요한 것은 이 둘 사이의 긴장을 인정하며, 넘어짐조차 한 걸음의 일부로 받아들이는 일입니다.

공자는 말하였습니다. "군자는 의(義)를 좇고, 소인은 이익을 좇는다." 의란 곧 올바른 길, 큰 그림을 향한 방향입니다. 이익만 좇는다면 작은 장애물에도 쉽게 흔들리지만, 큰 방향성을 붙든다면 어떤 어려움도 결국 삶의 의미 있는 과정으로 바뀝니다.

돌아보면 숲속의 바위와 가시덤불도 숲의 일부이듯, 우리의 실패와 시련 또한 삶의 큰 그림을 완성하는 필연적인 부분입니다. 그러니 이상과 현실의 간극을 두려워하지 마시기 바랍니다. 이상을 품고 현실을 사랑하며, 때로는 넘어지고 때로는 돌아서더라도 묵묵히 걸어가시기 바랍니다. 그렇게 살아가신 순간순간이 모여, 결국 우리의 삶은 하나의 깊고 아름다운 작품으로 완성될 것입니다.

가슴속 오랜 사진을 안으며

가을이 시작되려나 봅니다. 오늘 아버지가 아프셔서 모시고 병원 진료를 받고 돌아오는 길, 길가에 피어난 코스모스가 환하게 웃고 있었습니다. 계절은 언제나 조용히 다가와 마음을 흔듭니다. 바람의 결, 빛의 결이 바뀌는 순간, 우리는 어느새 새로운 계절의 문 앞에 서 있습니다.

가을이 되면 지나온 얼굴들과 순간들이 가슴속에 차례차례 안겨옵니다. 삶의 틈새마다 웃으며 맞아주던 얼굴들, 불현듯 떠올라 마음을 설레게 하는 인연들. 그 기억들이 오래된 사진처럼 한 장 한 장 마음속에서 펼쳐집니다.

오늘은 특히 그런 마음이 진하게 다가왔습니다. 병원에서 돌아오는 길, 하늘을 올려다보니 구름이 하트 모양을 닮아 있었습니다. 마치 삶이 한 편의 사랑 드라마처럼, 고단한 저를 토닥여 주는 듯했습니다.

옛말에 "추억은 마음의 사진첩이다"라는 말이 있습니다. 사진 속 순간들이 단순한 기록이 아니라, 우리를 살아가게 하는 힘이 된다는 뜻일 것입니다. 아버지의 건강을 염려하는 마음, 그리고 곁에 있는 이들의 소중함은 오늘의 저를 더욱 겸손하게 만듭니다.

가을은 늘 그렇게 속삭입니다.
삶은 덧없이 흘러가지만, 그 속에서 만난 인연과 기억은 바람에 흩날리지 않는다고. 그러니 오늘도 우리는 웃음을 조금 더 진심으로 남겨야 한다고…

하늘의 구름이 보내준 작은 위로 속에서, 저는 다시 가슴속 오래된 사진들을 꺼내 안습니다. 그리고 스스로에게 다짐합니다. 언젠가 오늘 또한 누군가의 마음속에서 오랜 사진이 되어 따뜻하게 남아 있기를.

그리고 마음속 오랜 사진 속 인연들에게 이렇게 안부를 전합니다.
"당신의 모든 하루가 시가 되어, 꽃처럼 향기롭기를…"

빈자리에서 사랑을 본다

사람은 곁에 있을 때는 그 존재의 무게를 쉽게 느끼지 못합니다. 마치 공기와 같아서, 늘 곁에 있기 때문에 그 소중함을 헤아리지 못하지요. 그러나 막상 떠난 자리를 마주할 때, 그 빈자리가 만들어내는 공허함은 가슴을 아리게 합니다.

딸이 중학교를 졸업하고 서울 국립국악고등학교로 진학하던 날이 있었습니다. 어린 딸을 기숙사에 바래다주고 돌아서는 발걸음이 어찌나 무겁던지, 몇 번이고 뒤돌아보며 한참을 서 있었습니다. 집으로 돌아온 뒤, 텅 빈 딸의 방에 들어서자마자 눈물이 쏟아졌습니다. 웃으며 인사하던 얼굴, 방 안 가득 퍼져 있던 딸의 목소리가 사라진 공간은 낯설고 쓸쓸하였습니다. 그때 처음으로 '빈자리'라는 단어가 가슴을 파고들었습니다.

시간은 또 다른 이별을 준비시키기도 하였습니다. 아들이 고등학교를 졸업하고 중국 남경대 기숙사에 들어가던 날, 이번에는 더 멀리 아들을 떼어 놓고 오는 길이었습니다. 남경에서 돌아서는 발걸음은 딸을 떠나보낼 때보다도 훨씬 무거웠습니다. 집에 돌아와 아들 방 문을 열었을 때, 남아 있는 체취를 껴안고 흐느끼며 울었던 기억이 지금도 선명합니다. 있을 때는 당연했던 일상이, 사라지고 나니 그토록 가슴 시리게 다가왔습니다.

이별의 경험은 우리에게 같은 진리를 일깨워 줍니다. 독일의 철학자 쇼펜하우어는 "행복은 잃고 나서야 그 가치를 깨닫는다"고 말하였습니다. 사람도 그렇습니다. 곁에 있을 때는 그 존재가 당연한 것처럼 느껴지지만, 막상 비워진 자리를 바라보면 관계의 무게와 사랑의 깊이가 비로소 드러납니다.

저는 종종 사람과의 관계에서 미움과 서운함을 느낄 때가 있습니다. 그러나 그럴 때마다 마음을 가다듬고, 그분이 제 곁에 없을 때의 빈자리를 상상해 봅니다. 그러면 불가사의하게도 미움은 조금씩 녹아내리고, 대신 감사와 사랑이 고개를 듭니다. "사랑은 상대가 떠난 뒤에도 그 자리에 남아 있는 것이다"라는 말처럼, 빈자리는 결국 사랑을 되비추는 거울이 됩니다.

빈자리가 주는 슬픔은 때로 우리를 무너뜨리지만, 동시에 삶의 본질을 깨닫게 해 줍니다. 우리는 끊임없이 만나고, 또 헤어집니다. 그러나 그 과정에서 알게 되는 것은 단 하나입니다. 사람은 결코 혼자가 아니라는 것, 사랑은 곁에 있을 때만이 아니라 부재 속에서도 더욱 깊어지는 것이라는 사실입니다.

그래서 저는 오늘도 빈자리에서 사랑을 봅니다. 떠남이 남긴 공허는 저를 울리지만, 동시에 제 안에 여전히 살아 있는 사랑을 확인하게 합니다. 미움이 고개를 들 때, 고마움과 사랑으로 바꿀 수 있는 힘도 바로 그 빈자리에서 시작됩니다. 결국 빈자리는 단순한 결핍이 아니라, 사랑을 다시 불러내는 통로인 셈입니다.

결합의 과학, 인연의 시학

삶을 곱씹어 보면, 결국 우리는 수많은 이어짐 속에서 살아왔음을 알게 됩니다. 홀로 존재하는 듯 보이지만, 인간은 만남과 관계를 통해 자신을 규정하고, 그 속에서 의미를 발견합니다. 저 역시 살아오며 인연의 소중함을 배워왔습니다. 그리고 그 관계가 오래 지속되려면 반드시 보이지 않는 에너지가 필요하다는 사실을 깨달았습니다. 자연은 이미 오래 전부터 이 진리를 우리에게 속삭이고 있었습니다. 원자와 분자의 결합은 곧 인간관계의 은유이며, 생명의 질서를 드러내는 깊은 가르침입니다.

이온 결합은 서로 다른 성질을 가진 두 존재의 강한 만남입니다. 전자를 잃은 나트륨 이온과 전자를 얻은 염소 이온이 만나 소금이 되듯, 남녀가 서로의 결핍을 채워주며 새로운 생명을 낳습니다. 소금이 인류 문명을 지탱해온 귀한 물질이듯, 이 결합은 삶을 지탱하는 가장 근원적인 힘입니다.

공유 결합은 서로 나눔으로써 이루어집니다. 원자들이 전자를 함께 내어놓아 단단해지듯, 친구나 동료는 서로의 것을 내어주고 받아들이며 더욱 굳건해집니다. 다이아몬드와 반도체가 공유 결합으로 빚어졌듯, 친구의 신뢰와 동료의 협력은 인생을 유용하게 빛내는 보석과 같습니다.

수소 결합은 눈에 보기에 약해 보이지만, 실상은 생명의 기초를 지탱하는 힘입니다. 물이 물답게 존재하고, DNA의 이중 나선이 세대를 이어가게 하는 것도 모두 수소 결합 덕분입니다. 부모와 자식, 스승과 제자의 관계가 바로 이와 닮아 있습니다. 작은 애정과 신뢰의 끈들이 모여, 세대를 건너도 끊어지지 않는 이어짐을 만듭니다.

배위 결합은 한쪽이 전자를 내어주고, 다른 쪽이 그것을 받아들이며 형성됩니다. 이는 마치 조직에서 상사가 자원을 제공하고, 부하가 그것을 바탕으로 역할을 해내는 관계와도 같습니다. 일방향적인 듯 보이지만, 신뢰와 존중이 스며든다면 이 결합은 오히려 안정적이고 지속적인 힘이 됩니다.

금속 결합은 원자핵들이 전자 바다 속에서 자유롭게 움직이는 독특한 구조입니다. 이 덕분에 금속은 강하면서도 유연하고, 전기를 잘 흘려보냅니다. 이는 공동체의 모습과 닮아 있습니다. 개인들은 자유로우면서도 서로 이어져 있으며, 그 유대가 사회 전체의 힘과 유연성을 만들어냅니다.

여기에 더해, 아주 약하지만 여전히 중요한 힘이 있습니다. 바로 반데르발스 힘입니다. 분자와 분자 사이에 일어나는 작은 인력이지요. 그것은 손끝의 미묘한 떨림처럼, 우리가 스쳐 지나가는 인연들 속에 숨어 있습니다. 짧은 만남, 우연한 인사, 이름조차 오래 기억되지 않는 사람들…그러나 그 작은 이어짐도 우리의 삶을 따뜻하게 물들이는 소중한 흔적이 됩니다.

이렇듯 화학의 세계는 우리에게 말합니다. 모든 관계는 저마다의 방식으로 이어지고, 그 이어짐에는 반드시 에너지가 필요합니다. 나눔의 에너지, 신뢰의 에너지, 사랑의 에너지. 그것들이 흘러야 관계는 단단해지고, 때로는 보이지 않는 결합으로도 우리는 서로를 지탱할 수 있습니다.

"삶은 만남으로 이루어지고, 그 만남은 사랑으로 완성된다"는 말처럼, 저는 이 모든 이어짐 앞에 감사의 마음을 올립니다.

보이지 않는 결합에너지로 엮여 있는 저의 모든 인연에게, 사랑의 인사를 전합니다.

확률이 가르쳐 준 끈기의 노래

살다 보면 우리는 수없이 많은 선택과 시도를 마주합니다. 그때마다 '확률'이라는 단어가 떠오릅니다. 동전을 던졌을 때 앞면이 나올 확률은 1/2이고, 주사위를 던져 특정한 눈이 나올 확률은 1/6입니다. 그러나 이 단순한 수치는 단번에 드러나지 않습니다. 시행을 거듭할수록, 시간이 쌓일수록 본래의 자리로 수렴해 갑니다. 이것이 수학이 말하는 큰 수의 법칙이며, 삶 속에서 우리가 경험하는 또 다른 진리입니다.

물리학에서도 확률은 운명을 피하듯 다가옵니다. 아인슈타인은 "신은 주사위 놀이를 하지 않는다"고 단언했지만, 양자역학의 세계에서는 주사위가 던져지지 않고서는 설명할 수 없는 현상들이 이어졌습니다. 전자의 위치, 입자의 움직임은 모두 확률 분포로만 이해할 수 있습니다. 한순간의 불확실성 속에서 무수히 반복되는 사건들이 모여 일정한 질서를 드러내는 것, 그것이 과학이 발견한 삶의 은유이기도 합니다.

우리의 일상도 그렇습니다. 계획이 옳은 방향을 향하고 있다면, 한두 번의 실패는 전체 그림을 가리지 못합니다. 실패는 단지 확률의 분포 속에 나타난 작은 흔적일 뿐, 전체의 가능성을 좌우하지는 않습니다. 포기하지 않고 시도를 이어갈 때, 확률은 결국 성공의 편에 서게 됩니다.

인간관계 또한 마찬가지입니다. 사랑은 한 번의 표현으로 완성되지 않습니다. 따뜻한 말, 작은 배려, 꾸준한 진정성은 마치 여러 차례 던져진 주사위처럼 쌓이며 상대의 마음에 닿습니다. 마치 여론조사가 수많은 표본을 통해 흐름을 드러내듯, 사람 사이의 신뢰와 평판도 수많은 행동의 누적 속에서 형성됩니다.

인문학은 오래전부터 이를 다른 언어로 노래해 왔습니다. “끈기는 지혜의 또 다른 이름”이라고, “포기하지 않는 자에게 삶은 반드시 길을 내준다”고. 확률이 수학의 언어라면, 끈기는 인간학의 언어입니다. 시행을 거듭할수록 진실에 가까워지고, 진정성을 쌓아갈수록 관계는 단단해집니다.

확률은 결국 이렇게 속삭입니다.
한 번의 실패로 모든 것을 단정하지 말라.
시도를 늘려라, 그러면 길은 반드시 열릴 것이다.
사랑과 배려는 누적될수록 깊은 울림을 남긴다.

삶은 주사위 던지기와 닮았습니다. 그러나 차이는 분명합니다. 우리는 결과를 기다리는 수동적인 존재가 아니라, 끝내 다시 주사위를 던지는 능동적인 존재라는 사실입니다. 포기하지 않는 한, 확률은 결국 우리 편이 되어 줍니다. 그리고 그 길 위에서 우리는 확률을 넘어선, 끈기의 기적을 만나게 됩니다.

단순함의 미학

저는 살아오면서 한 가지 사실을 수없이 확인해 왔습니다. 어떤 일도 단순함으로 정의되지 못할 때, 그 속에는 반드시 문제가 내포되어 있었습니다. 문제를 해결하기보다 회피하려는 순간, 우리의 태도는 복잡해집니다. 혹여 잘못되었을 때를 대비해 변명거리를 미리 준비한다면, 계획과 실행의 길도 복잡해집니다. 목표가 공익적 본질보다 사익에 기울어질 때 역시 마찬가지입니다. 단순함에서 벗어나는 순간, 우리의 삶은 불필요한 무게를 짊어지게 됩니다.

흔히 장애를 안고 살아가는 분들을 뵈면, 저는 오히려 배움의 자리를 발견합니다. 그분들의 눈빛에는 순수함이 머물러 있고, 그 순수함은 단순한 시각과 행동을 낳습니다. 단순함 속에서 드러나는 태도와 실행은 오히려 더 정확하고 흔들림이 없습니다. "교활함은 명석한 머리에서 시작된다"는 말이 있지만, 그것은 곧 높은 지능이 반드시 교활함으로 흐른다는 뜻은 아닙니다. 오히려 그 지능을 단순함으로 환원해 정의와 사랑을 추구하는 분들이야말로 세상을 발전시키고 진화하게 만든 주체라 할 수 있습니다.

역사 속에서도 이를 확인할 수 있습니다. 아인슈타인은 "모든 것은 가능한 한 단순하게 만들어야 한다. 그러나 지나치게 단순해서는 안 된다"고 말했습니다. 위대한 발견과 창조는 언제나 단순함을 향한 집요한 추구에서 비롯되었습니다. 이 단순함은 계산된 이익을 먼저 따지지 않습니다. 대가를 요구하지 않는 단순한 사랑, 그것이야말로 가장 이상적이고 아름다운 사랑입니다.

저는 복잡한 마음에 사로잡힐 때마다 단순함을 되찾기 위해 명상에 잠깁니다. 호흡을 고르고, 마음을 비우면, 단순함이 곧 평온과 행복을 가져다줍니다. 작은 일상에서 느끼는 감사, 그것이 단순함의 미학입니다. 따뜻한 햇살, 바람에 흔들리는 나무, 구름을 머금은 하늘 속에서 저는 가장 큰 행복을 발견합니다.

오늘도 저는 하늘을 올려다보며 단순한 감사 인사를 드립니다.
"늘 곁에 있어 주어 고맙습니다. 세상이라는 이름으로 저를 품어 주어 고맙습니다."

삶의 본질은 복잡함이 아니라 단순함 속에서 더욱 투명히 드러납니다. 단순한 마음으로 세상을 바라볼 때, 우리는 더 맑은 사랑을 나누고, 더 깊은 행복을 만나게 됩니다. 그것이 곧 단순함의 미학이라 믿습니다.

반도체 집적화와 배려의 인문학

반도체의 역사는 곧 인간 문명의 압축된 기록이라 할 수 있습니다. 최초의 반도체 소자는 단순한 다이오드였습니다. 전류를 한 방향으로만 흐르게 하는 이 작은 장치는 당시로서는 혁명이었지만, 그것만으로는 충분하지 않았습니다. 이어 등장한 트랜지스터는 증폭과 스위칭의 기능을 제공하며 전자공학의 판도를 바꾸었습니다. 그러나 인류는 여기서도 멈추지 않았습니다. 수많은 트랜지스터를 하나의 칩 위에 담아낸 집적회로(IC)의 발명은, 문명의 속도를 가속화하는 결정적 계기가 되었습니다.

이후 기술 발전의 궤적은 뚜렷했습니다. 집적화(integration)라는 이름으로, 단위 면적 안에 더 많은 소자를 담아내려는 도전이 이어졌습니다. 고든 무어가 예견한 무어의 법칙은 단순한 가설이 아니라, 수십 년 동안 산업과 학문을 이끌어온 경험적 진리로 작동했습니다. 반도체 기업과 연구자들은 더 미세한 공정을 구현하기 위해 물성 연구, 노광 기술, 패터닝 기법을 끊임없이 진화시켰습니다. 그 결과 오늘날 우리는 나노미터 수준의 정밀 세계 속에서 수십억 개의 소자가 하나의 칩 위에 존재하는 시대를 살아가고 있습니다.

여기서 얻을 수 있는 인문학적 통찰은 분명합니다. 집적화는 무작정 외형을 확장하는 방식이 아닙니다. 한정된 자원과 공간 속에서 질서를 찾고, 효율을 높이며, 정밀한 배열을 통해 새로운 가능성을 여는 과정입니다. 그 안에는 섬세함, 절제, 그리고 조율의 정신이 담겨 있습니다.

우리의 삶도 마찬가지입니다. 흔히 사람들은 모두의 만족을 위해서는 파이를 키워야 한다고 말합니다. 하지만 반도체가 파이의 크기를 바꾸지 않고도 미세 패턴의 정교함을 통해 가치를 창출했듯, 인간 관계에서도 크기의 확장 없이도 풍요로움은 가능합니다. 그것은 바로 배려라는 이름의 기술을 통해서입니다.

괴테는 "배려는 사랑의 또 다른 이름이다"라고 말했고, 공자는 "기소불욕 물시어인(己所不欲 勿施於人)"이라 하여 나에게 원하지 않는 것을 남에게 베풀지 말라고 가르쳤습니다. 이는 곧, 관계의 질을 높이는 길이 단순한 확장이 아니라 세심한 조율에 있음을 시사합니다.

우리가 일상에서 조금 더 타인의 마음을 읽고, 자신의 자리를 넓히기보다 공간을 나눌 수 있다면, 관계는 한층 더 촘촘하게 연결될 수 있습니다. 반도체 소자가 정밀한 간격 안에서 질서를 이루듯, 우리의 작은 배려와 존중은 인간관계라는 거대한 회로 안에서 빛을 발합니다.

오늘도 우리는 "어느 기업이 2나노 공정에 성공했다"는 뉴스를 접합니다. 그것은 단순히 기술 경쟁의 소식이 아니라, 인간의 섬세함과 탐구심이 만들어낸 성취의 증거입니다. 그리고 이 진보의 메시지는 분명합니다. 진정한 발전은 외형의 팽창이 아니라 내적 정밀함에서 비롯된다.

그래서 저는 질문을 던져봅니다.
우리 삶 속의 집적화는 무엇일까요?

우리는 과연 관계와 사회 속에서 세심한 배려라는 미세 패턴을 구현하고 있는가?

반도체 집적화가 기술 문명을 도약시켰듯, 배려의 집적화는 인간 문명을 성숙으로 이끌 것입니다. 그리고 그 길 위에서 우리는 서로를 더 깊이 이해하고, 더 따뜻하게 연결될 수 있을 것입니다.

삶이라는 경기장에서 웃음을 남기며

우리가 살아가는 시간은 두 번 다시 돌아오지 않습니다. 마치 경기장에서 흘러가는 시계처럼, 한 번 지나간 분은 다시 불러올 수 없습니다. “시간은 인간이 쓸 수 있는 가장 값진 화폐다”(테오프라스토스)라는 말처럼, 우리의 하루는 그 무엇과도 바꿀 수 없는 소중한 자산입니다.

그러나 우리는 종종 이 귀한 시간을 ‘헛된 감정’에 내어줍니다. 괜한 고민과 불안, 원망과 분노, 지나간 일에 대한 아쉬움은 마음의 짐이 되어 우리 삶을 짓누릅니다. 의학적으로도 이는 명확히 드러납니다. 과도한 스트레스는 면역력을 약화시키고, 심혈관 질환과 우울증을 비롯한 수많은 질병의 씨앗이 됩니다. 다시 말해, 하늘은 이러한 삶의 태도에 ‘옐로카드’를 경고처럼 보내는 셈입니다. 그 이름이 바로 스트레스입니다.

만약 우리가 이를 외면하고 계속 부정적 감정에 휘둘린다면, 마침내 몸과 마음은 한계에 이르고, ‘레드카드’를 받듯 삶의 경기장에서 조기에 퇴장당할 수 있습니다.

그렇기에 우리는 선택해야 합니다. 경기에 몰입하면서도 규칙을 지키듯, 인생을 즐기되 불필요한 반칙은 줄이는 것입니다. 승리와 패배에 지나치게 매달릴 필요도 없습니다. 축구의 명감독 요한 크루이프는 “축구는 즐기는 자가 이긴다”고 말했습니다. 삶도 마찬가지입니다. 이기고 지는 것보다 중요한 것은, 서로 소통하며 웃고, 기쁨과 사랑을 나누며 끝까지 경기를 뛰는 것입니다.

삶은 전반과 후반이 정해져 있습니다. 누구도 연장전을 장담할 수 없고, 심판의 휘슬은 예고 없이 울립니다. 그렇기에 지금 이 순간이야말로 가장 소중합니다. 독일의 철학자 쇼펜하우어가 남긴 말처럼, “건강은 전부가 아니지만, 건강 없이는 전부가 무의미하다”는 사실을 기억하며 우리는 삶의 방식을 다시 선택해야 합니다.

인생이라는 경기장에서 우리는 각자 선수이자 동시에 동료입니다. 미움 대신 포옹을, 불안 대신 웃음을, 원망 대신 격려를 선택할 때, 비로소 경기는 더욱 빛나고 관객인 후세와 타인들에게도 감동을 줍니다.

경기의 끝은 정해져 있습니다. 하지만 그 사이의 시간은 우리가 어떻게 쓰느냐에 따라 완전히 달라집니다. 스트레스라는 반칙 대신 사랑과 기쁨으로 경기를 완주할 때, 우리는 비로소 아름다운 승리를 거머쥐게 됩니다. 그리고 그 승리는 기록보다 더 오래 남아, 삶의 진정한 의미를 증명할 것입니다.

공감의 치유

우리는 흔히 누군가 힘들어하는 모습을 보면 본능적으로 조언을 건네려 합니다. "괜찮을 거야", "이렇게 생각해 봐"라는 말은 선의에서 비롯되지만, 정작 그 사람의 마음에는 깊은 울림이 닿지 못할 때가 많습니다. 상처 입은 마음은 논리나 충고가 아니라 온기를 필요로 하기 때문입니다.

고대 철학자 에픽테토스는 "우리에게 중요한 것은 사건이 아니라, 그것을 바라보는 태도다"라고 말했습니다. 그러나 힘겨운 순간에 스스로 태도를 바꿀 수 있는 사람은 많지 않습니다. 그때 필요한 것은 조언이 아니라 곁에 있어 주는 마음, 바로 공감입니다.

공감이란 타인의 고통을 외면하지 않고, 그 아픔을 잠시나마 나의 것처럼 함께 느껴주는 일입니다. 심리학 연구에 따르면, 진심 어린 공감의 표현은 실제로 상대방의 스트레스 호르몬을 낮추고 심리적 안정감을 회복하는 데 중요한 역할을 한다고 합니다. 과학조차 증명하는 이 단순한 사실은, 우리가 누군가와 함께 울어주고 함께 침묵할 때 이미 치유가 시작된다는 것을 보여줍니다.

이 세상에서 가장 소중하고 귀한 능력은 바로 공감능력입니다. 지식은 문제를 해결하는 도구가 될 수 있지만, 공감은 사람을 살리는 힘이 됩니다. 아무리 학문에 뛰어나고 재능이 탁월한 사람이라도, 공감이 결여된다면 진정으로 큰일을 이루기는 어렵습니다. 역사를 돌아봐도 위대한 지도자나

사상가들은 뛰어난 지식만이 아니라, 타인의 아픔을 자기 일처럼 느끼는 깊은 공감에서 출발했습니다. 마더 테레사가 말했듯, "우리는 모두 위대한 일을 할 수는 없지만, 작은 일을 큰 사랑으로 할 수 있다"는 그 마음이 바로 공감의 본질입니다.

"인간은 사회적 동물이다"(아리스토텔레스). 혼자가 아닌, 서로 연결되어 살아가는 존재라는 뜻입니다. 그렇기에 가장 큰 위로는 거창한 말이 아니라, 누군가 내 곁에 있다는 사실입니다. 따뜻한 눈빛, 묵묵히 잡아주는 손, 함께 흘리는 눈물이야말로 사랑의 가장 깊은 표현입니다.

이러한 공감은 말 속에서만 머물지 않습니다. 제 딸이 시도하는 무용 워크숍에서는 긴 대화 없이도 몸짓과 표정을 통해 서로의 마음이 오갑니다. 춤은 언어를 넘어선 또 다른 언어가 되어, 참가자들이 각자의 아픔과 기쁨을 함께 나누게 합니다. 실제로 많은 이들이 그러한 경험 속에서 치유의 감동을 느꼈다고 말합니다. 이처럼 공감은 눈빛 하나, 손끝의 떨림, 몸의 움직임을 통해서도 충분히 전달될 수 있으며, 오히려 언어보다 더 깊은 위안을 주기도 합니다.

공감은 결국 누군가를 변화시키려는 조언보다 훨씬 큰 힘을 발휘합니다. 상처 입은 사람은 이런 사랑의 경험 속에서 서서히 스스로를 회복할 수 있습니다. 우리는 누군가를 대신해 고통을 없앨 수는 없지만, 그 길을 함께 걸으며 고통의 무게를 덜어줄 수는 있습니다. 그리고 그 순간, 말없이 함께해 준 그 시간이 곧 치유의 씨앗이 됩니다.

공감은 단순한 감정의 동요가 아니라, 존재의 가장 깊은 차원에서 나오는 사랑의 언어입니다. 누군가의 눈물을 닦아주는 것이 아니라, 그 눈물 속에서 함께 젖어드는 것. 그것이야말로 가장 위대한 치유이며, 우리가 서로에게 줄 수 있는 가장 큰 선물일 것입니다.

시간의 강을 건너는 노래

세상이라는 강 위에 놓인 다리를 건너며, 저는 알게 되었습니다. 사랑과 연대, 그리고 작은 손길들이 결국 우리를 한 걸음씩 앞으로 나아가게 한다는 것을. 그러나 다리가 끝나는 곳에서 맞이하는 현실은 언제나 쉽지 않습니다. 세상의 흐름은 빠르고 때로는 거칠며, 우리가 쌓아 올린 다리를 흔들기도 합니다. 그 속에서 저는 도전과 실패, 그리고 작은 승리들을 배웁니다.

삶은 무대와도 같습니다. 매일의 선택과 행동, 그 모든 순간은 시간이 흘러간 뒤에야 비로소 의미를 갖습니다. 힘겹게 견딘 하루, 누군가에게 전한 말 한마디, 나 자신을 다잡으며 내린 결정 하나가, 결국 시간의 강 위에 울리는 작은 노래가 됩니다. 이 노래는 단순히 지나간 사건의 기록이 아니라, 제 마음을 세우고 앞으로 나아가게 하는 힘이 됩니다.

시간은 우리가 어찌할 수 없는 강물과 같습니다. 그러나 우리는 그 강을 건너는 법을 배웁니다. 어떤 날은 발걸음이 무겁고, 어떤 날은 물살에 휩쓸리기도 합니다. 그럼에도 불구하고, 한 걸음 한 걸음 건너며 부르는 노래는, 지나간 시간과 스쳐간 인연들을 잇는 다리가 됩니다. 노래는 때로는 속삭임처럼 부드럽고, 때로는 힘찬 울림으로 가슴을 두드리며, 저를 다시 일어서게 합니다.

사람과 사람이 만나는 순간, 삶의 지혜는 시간이 흐르며 더욱 선명해집니다. 나에게 기쁨과 슬픔을 가르쳐준 인연, 머물다 떠난 사람들, 함께 견딘 순간들, 그 모든 기억은 강 위에서 저를 이끌어 주는 노래가 됩니다. 그리고 그 노래는 결국 개인의 경험을 넘어, 삶이라는 거대한 흐름과 맞닿아 우리를 더 넓은 세상으로 안내합니다.

저는 알게 됩니다. 도전과 현실에서 배운 지혜가 단순히 나를 위한 것이 아니라, 시간과 인연이라는 더 큰 차원으로 이어진다는 것을. 하루하루의 삶 속에서 부른 작은 노래가 쌓여, 결국은 시간의 강을 건너는 힘이 된다는 것을. 그리고 그 힘은 다시 누군가에게 전해져, 새로운 다리를 놓는 시작이 됩니다.

그래서 저는 오늘도 시간의 강을 바라보며 조용히 노래합니다.
부드러운 흐름 속에 담긴 기억을 따라, 지난 인연과 배움을 품고, 앞으로의 길을 건너는 노래를.
그 노래는 끝이 없고, 그 끝없는 울림 속에서 삶은 조금씩 더 넓어지고, 조금씩 더 깊어집니다.

10월의 발자국

10월, 가을의 공기는 서늘하지만 마음 한 켠을 포근히 감싸 줍니다. 길 위에 쌓인 낙엽은 황금빛과 붉은빛이 어우러져 마치 지나간 계절들의 기억을 펼쳐놓은 듯합니다. 발걸음을 옮길 때마다 바스락거리는 소리는, 우리 이야기의 한 장 한 장이 천천히 되살아나는 소리 같습니다.

햇살은 부드럽게 내리지만, 공기 속에는 쓸쓸함이 묻어납니다. 바람은 나무 사이를 스치며 잎들을 흩날리고, 그 사이로 나는 함께 걸었던 시간들을 떠올립니다. 웃음으로 가득 찬 날들, 말없이 나누던 눈빛, 손끝이 스쳤던 순간까지, 모든 것이 낙엽 사이로 스며들어 마음에 잔잔한 파문을 남깁니다.

낙엽 위를 걷는 동안, 지난 시절의 만남과 이별이 함께 떠오릅니다. 때로는 달콤한 미소와 따스한 온기가, 때로는 놓쳐버린 말과 아쉬움이 마음을 스칩니다. 그러나 그 모든 감정들은 바람과 함께 흩어지며, 오히려 우리의 사랑과 인연을 더욱 선명하게 새깁니다. 쓸쓸함 속에서도 이어지는 따스한 기억, 그것이 바로 우리의 이야기입니다.

가을바람은 세차게 불어도, 우리 마음은 흔들리지 않습니다. 오히려 계절의 변화 속에서 서로에게 기대며, 사랑과 인연의 소중함을 더 깊이 깨닫습니다. 길 위에 흩어진 낙엽처럼, 우리는 서로에게 스며든 순간들을 마음속에 오래도록 간직합니다. 한 장 한 장 밟을 때마다, 우리의 발자국은 시간 속에 부드럽게 남아 이야기가 되고, 기억이 됩니다.

해가 저물고 저녁 노을이 길게 드리워지면, 길가의 나무들은 붉은빛으로 물들고, 낙엽 위 그림자는 길게 늘어집니다. 우리는 잠시 걸음을 멈추고 서로를 바라봅니다. 말없이 스치는 시선 속에서, 지난 계절의 추억과 앞으로 나눌 시간들이 한데 얽혀 마음 속에 빛납니다. 이 순간, 나는 확신합니다. 10월의 낙엽 위를 함께 걷는 우리 이야기야말로, 계절이 바뀌어도 지워지지 않을 영원한 흔적이라는 것을...

10월의 발자국 위에서 저는 오늘도, 사랑과 인연을 새기며 한 걸음 한 걸음 내딛습니다. 바스락거리는 발걸음마다 우리의 이야기는 마음 속에서 부드럽게 울리고, 가을의 쓸쓸함은 그 안에서 따스함으로 변합니다. 낙엽과 바람, 햇살과 우리, 모든 것이 한데 어우러진 그 길 위에서, 저는 우리의 이야기가 끝없이 이어질 것임을 믿습니다.

11월의 다짐

11월, 가을의 끝자락에서 겨울이 서서히 얼굴을 내밉니다. 공기는 차갑지만 상쾌하고, 낙엽은 마지막 빛을 받아 바스락거리며 땅 위에 흩어집니다. 저는 그 길을 걸으며 지난 시간을 돌아보고, 마음속 깊이 다짐을 새깁니다.

올 한 해, 수많은 관계 속에서 웃고 울던 순간들이 떠오릅니다. 함께한 사람들의 미소, 속삭이던 말들, 때로는 다투고 상처받던 기억까지, 모든 것이 저를 만들고 지금의 나를 지탱해 주었습니다. 사랑과 우정, 인연의 결실은 단순한 감정이 아니라, 마음 속 깊이 뿌리내린 소중한 힘임을 깨닫습니다.

찬바람이 스치며 몸을 감쌀 때, 저는 마음속으로 지난날들을 정리합니다. 놓치고 미처 표현하지 못한 감정들, 잘못된 선택, 혹은 지나쳐버린 작은 순간들까지도 모두 부드럽게 안아 줍니다. 제 안의 기억들을 하나씩 꺼내어 살피며, 저는 더 단단하고 넓은 마음으로 새로운 시작을 준비합니다.

겨울은 차가운 계절이지만, 그 속에서도 따스함을 품을 수 있습니다. 지난 인연의 기억이 나를 따뜻하게 하고, 저 자신을 이해하며 사랑할 수 있게 합니다. 나는 그 속에서 새로운 관계와 사랑, 그리고 저만의 길을 향한 용기를 다짐합니다. 바람에 흩날리는 낙엽처럼, 지나간 시간들은 흘러가지만, 마음 속 다짐은 뿌리 깊게 자리 잡습니다.

11월의 저녁, 해는 일찍 지고 세상은 조용해집니다. 저는 길을 걷다 멈춰 서서, 스스로에게 말합니다. "지나간 시간을 감사히 안고, 앞으로 다가올 겨울을 두려워하지 말자." 이 다짐이 저를 앞으로 이끌 것이고, 관계 속에서, 사랑 속에서, 그리고 제 안에서 또 다른 결실을 맺게 해 줄 것임을 믿습니다.

11월의 바람 속에서 저는 오늘도 다짐합니다. 지나간 시간과 사람들에게 감사하며, 제 마음의 결실을 돌아보고, 새로운 시작을 향해 한 걸음 내딛습니다. 차가운 계절 속에서도, 저의 다짐은 따스하게 빛나며 나를 지탱합니다. 겨울이 다가와도 흔들리지 않는 마음으로, 저는 오늘을 살아가고 내일을 맞이합니다.

제5장

시간과 인연, 그리고 사명

시간은 우리를 흔들고,

인연은 우리를 이어주며,

사명은 우리를 앞으로 나아가게 한다.

결국 남는 것은 사랑과 그리움의 울림이다.

엔트로피의 자유, 엔탈피의 안식

인간의 삶은 언제나 두 갈래 길 위에 서게 됩니다. 자유를 택할 것인가, 안정을 택할 것인가. 이 물음은 단순한 직업 선택의 문제가 아니라, 인간 존재의 본질에 관한 질문입니다.

세상에서 가장 자유로운 존재는 어쩌면 거지일지도 모릅니다. 그는 출퇴근의 굴레도, 상사의 지시도 받지 않습니다. 시간은 그에게 억압이 아닌 무한한 흐름입니다. 그러나 자유의 대가는 혹독합니다. 의식주는 늘 불안정하고, 삶의 기반은 바람 앞의 등불처럼 흔들립니다.

반대로 직장을 가진 사람은 자유의 일부를 사회에 내어줍니다. 알람이 울리면 일어나야 하고, 정해진 시간에 몸을 맞추어야 합니다. 그러나 그 대가로 안정이라는 선물을 얻습니다. 일정한 수입, 따뜻한 집, 내일의 끼니를 걱정하지 않아도 되는 삶, 이는 질서와 안전이 보장하는 안식입니다.

자연의 법칙에 비유하자면, 엔탈피는 안정과 균형을 의미합니다. 온도와 압력 속에서 질서가 유지되는 상태, 곧 안전한 울타리입니다. 반면 엔트로피는 자유와 무질서의 척도입니다. 제약 없는 입자처럼 흩어지고 움직이며, 변화의 가능성을 품습니다. 자연은 엔트로피의 방향으로 흐르지만 동시에 더 낮은 엔탈피를 향해 질서를 추구합니다. 인간 역시 그 경계에서 끊임없이 흔들립니다.

여기에 한 가지 더 덧붙여야 할 질문이 있습니다. "그렇다면 돈이 많으면 자유와 안정을 동시에 가질 수 있지 않을까?" 많은 분들께서 꿈꾸시는 경제적 자유라는 이상입니다. 그러나 그것은 허구에 가깝습니다. 충분한 부를 축적한 사람들도 시간의 지배에서 완전히 벗어나지 못합니다. 자산을 유지하기 위해 관리와 선택이 필요하며, 부의 크기만큼 의무와 불안도 따라옵니다. 역설적으로, 재산이 많을수록 자유보다는 보존과 관리, 즉 안정에 더 묶이게 됩니다.

고대 그리스 철학자 에픽테토스는 이렇게 말했습니다.
"자유는 외부의 소유로부터 오지 않는다. 그것은 오직 내면의 해방에서 비롯된다."

경제적 자유가 마치 두 세계를 동시에 거머쥘 수 있는 듯 보이지만, 그것은 인간이 만든 신기루에 불과합니다. 자유와 안정은 서로를 완전히 끌어안을 수 없습니다. 한쪽을 더 크게 얻으려 하시면, 다른 쪽은 반드시 희미해집니다.

삶이란 결국 이 두 가지 사이에서 끊임없이 균형을 찾는 과정입니다. 젊은 날에는 더 큰 자유가 필요합니다. 실패조차 가능성으로 껴안을 수 있기 때문입니다. 그러나 세월이 흐르며 책임이 늘어날수록 안정이 필요합니다. 자유와 안정은 서로를 대체할 수 없고, 오직 시기와 상황에 따라 그 비중을 달리할 뿐입니다.

새가 알을 깨뜨려야만 하늘을 날 수 있듯, 인간도 자유를 향해 껍질을 깨뜨립니다. 그러나 날아오른 새가 결국 둥지로 돌아와 쉼을 얻듯, 인간 또한 다시 안정을 찾아야 합니다. 자유와 안정은 대립이 아니라 순환이며, 그 긴장과 교차가 인간 삶의 진실을 이루어냅니다.

완전한 자유도, 완전한 안정도 인간에게는 허락되지 않았습니다. 우리는 늘 그 중간을 오가며, 그 사이에서 의미를 길어 올립니다. 그리고 어쩌면, 그 불완전함이야말로 인간 삶을 가장 인간답게 만드는 본질일 것입니다.

동행의 미션, 삶이 건네는 미래

'같이'라는 말 대신, 실행의 의미를 추가해 저는 그것을 삶의 동행이라 부르고 싶습니다. 동행에는 단순한 나눔을 넘어선 깊은 의미가 담겨 있습니다. 홀로일 때는 알 수 없는 무게와 온기, 그리고 책임의 빛이 그 속에 어우러져 있습니다. 삶이 우리에게 부여한 가장 큰 미션은 어쩌면 바로 이 동행을 지켜내는 일일지도 모릅니다.

동행 속에서 맞이하는 현재는 유난히 따뜻합니다. 누군가와 함께 나누는 미소, 함께 이겨내는 눈물, 그리고 함께 걸어가는 침묵의 발자국이 쌓여 지금을 고운 빛으로 물들이기 때문입니다. 마치 마음속에 오래 품어 두었던 구절을 천천히 되새기듯, 이 순간을 음미하면 삶의 결이 한층 더 선명하게 드러납니다.

그러나 한때 저는 어려운 문제가 닥치면 홀로 해결하려는 의지에 매달리곤 했습니다. 상대의 의견을 무시하고 독단적으로 추진했던 경우가 많았습니다. 그 결과, 결속력은 무너지고 일의 속도는 늦어졌으며, 해결해야 할 과제는 오히려 더 복잡하게 얽히곤 했습니다. 하지만 시간이 흐르며 깨달았습니다. 주위와 비전과 목표, 그리고 방법을 공유할수록 유대감은 깊어지고, 그 유대가 커질수록 일은 성공적으로 완성되었으며 불필요한 문제도 생기지 않았습니다. 그 경험은 제게 분명한 진리를 일깨워 주었습니다. 동행은 성공적인 삶을 창출하는 데 필수적인 요소이자, 삶이 우리에게 부여한 미션이라는 사실을요. 그리고 그 미션을 얼마나 잘 수행하느냐에 따라 우리의 성공은 그 깊이와 넓이를 달리합니다.

삶은 늘 어려운 숙제를 안겨 줍니다. 가족을 지탱해야 하는 책임, 사회 속에서 다해야 하는 역할, 스스로 세운 꿈의 무게가 우리를 흔듭니다. 그러나 바로 그 어려움이야말로 서로의 손을 마주 잡게 하고, 나눔의 힘을 일깨우는 시작점이 됩니다. 하늘이 내린 과제는 우리를 고립시키려는 것이 아니라, 더 깊이 이어지게 하려는 초대장 같은 것입니다.

그래서 우리는 미래를 그립니다. 그 미래는 혼자가 아니라 함께여야만 가능한, 맑고 투명한 세상입니다. 과학이 말해주는 진실처럼, 생명은 언제나 공존 속에서 진화했고, 사회 또한 협력 속에서 더 큰 가능성을 피워왔습니다. 동행의 길 위에서 우리는 개인을 넘어 공동체라는 큰 꿈을 꿀 수 있습니다.

우리는 한 하늘 아래 같은 바람을 맞으며 오늘을 살아갑니다. 이 사실만으로도 이미 눈부신 선물을 품은 셈입니다. 오늘의 동행이 쌓여 내일의 길을 밝히는 불씨가 되고, 그 불씨가 더 많은 이들을 따뜻하게 비출 것입니다.

삶의 동행이라는 미션 안에서, 우리는 어려움조차도 껴안으며 미래를 향해 나아갑니다. 그것은 단순한 바램이 아니라, 함께 걸을 때 반드시 도달할 수 있는 길이기 때문입니다.

잊히지 않기를 바라는 마음, 그리고 마음의 청춘

사람의 기억은 언제나 불완전합니다. 우리는 매일 새로운 장면을 맞이하며, 그 속에서 오래된 것들을 조금씩 흘려보냅니다. 그러나 어떤 기억은, 어떤 분은, 결코 잊히기를 거부하듯 우리의 마음 속 깊이 남아 있습니다.

저는 그대께서 바로 그러한 존재로 남아 주시기를 바랍니다.
그대께서 망각의 어두운 밤에 갇히지 않으시고, 제 마음 속에서 천천히 떠나지 않으시기를 간절히 바라고 있습니다. 설레임의 추억 속에서 여전히 미소 지으며 남아 계시기를, 그렇게 간직할 수 있기를 바랍니다.

그대의 모습과 함께한 순간들을 떠올릴 때마다, 제 안에는 여전히 설레임이 살아 있습니다. 마치 오래된 음악을 우연히 다시 듣는 순간, 첫 음이 흘러나오자마자 마음 깊이 전해지는 감정처럼, 그대와의 기억은 제 삶을 이루는 소중한 빛의 조각입니다.

시간은 누구에게나 공평하게 흘러갑니다. 몸은 서서히 늙어가고, 세월의 흔적이 남습니다. 그러나 마음만은 달라야 한다고 생각합니다. 마음은 삶의 마지막 순간까지도, 여전히 청춘이기를 바랍니다. 젊음의 푸르름이 늘 가슴 속에 남아, 그대의 푸르름을 기억하며 설레임을 지어낼 수 있기를 간절히 기원합니다.

기억이란 단순히 과거를 간직하는 것이 아닙니다. 그것은 현재를 살아가게 하는 숨결이자, 앞으로 나아갈 힘이 되기도 합니다. 제가 그대를 잊는다면, 단순히 한 사람을 잊는 것이 아니라, 제 삶의 중요한 일부가 사라지는 것과 같을 것입니다. 그렇기에 오늘도 다짐합니다. 그대를 잊지 않겠다고, 마음의 청춘을 지켜내겠다고…

그대와 함께 걷던 길 위에서 불어오던 바람, 그대의 웃음소리에 스며 있던 온기, 그날의 빛과 그림자까지. 모든 순간이 제 마음 속에 오래도록 머물러 있기를 바랍니다. 설령 시간이 제 기억을 흔들어 놓는다 해도, 제 가슴 속 깊은 곳에서는 그대의 자리를 지켜낼 수 있기를 기도합니다.

저는 간절히 소망합니다.
그대께서 잊혀지지 않기를…
망각의 밤에 갇히지 않으시기를…
그리고 제 추억 속에서, 끝내 떠나지 않으시기를…
몸은 세월을 따라 늙어가더라도, 마음만은 청춘으로 남아 그대의 푸르름을 기억하며 설레임을 지어낼 수 있기를…

그대는 제 삶의 설레임이자, 잊힘을 거부하는 존재이며, 마음 속 푸른 빛으로 오래도록 남아 주시는 분이십니다.

생체의 보이지 않는 프로그램

우리는 살아가며 이유 없는 기분의 기복을 자주 경험합니다. 특별한 사건이 없는데도 마음이 가라앉고, 설명하기 힘든 불안이 몰려올 때가 있습니다. 흔히 그것을 단순히 마음가짐이나 생각의 문제로 여길 수 있지만, 인간의 감정은 결코 생각만으로 만들어지지 않습니다. 우리의 뇌와 몸속에서 끊임없이 분비되는 호르몬과 신경전달물질이 바로 그 배경에 있습니다.

인간은 하나의 거대한 바이오리듬 속에 살아갑니다. 수면과 각성을 오가게 하는 멜라토닌과 코르티솔, 기분의 균형을 좌우하는 세로토닌, 순간의 기쁨을 일으키는 도파민은 주기적으로 분비되며 우리의 하루와 계절을 지휘합니다. 이 리듬이 흐트러지면, 우리는 쉽게 무기력과 우울에 빠지고, 때로는 임상적 우울증이라는 이름으로 병리적 상태를 맞이하게 됩니다.

인간은 이 정교한 시스템을 종종 스스로 속이려 합니다. 마약과 같은 약물은 뇌를 직접 자극하여 도파민의 분비를 폭발적으로 늘려, 일시적으로 황홀한 쾌감을 안겨줍니다. 하지만 이는 곧 미래의 분비량을 앞당겨 사용해버리는 행위와 같습니다. 그 결과, 이후에는 쾌락을 주는 호르몬이 정상적으로 나오지 않고, 깊은 우울감과 피해망상이 찾아옵니다. 결국 사람은 그 공허를 메우기 위해 다시 약물을 찾게 되고, 중독과 신체의 파괴로 이어집니다. 인간의 감정이 자유로운 듯 보이지만, 사실은 뇌 화학이라는 울타리 안에서 움직이고 있는 것입니다.

자연 역시 우리의 감정에 흔적을 남깁니다. 비가 오는 날 기분이 가라앉는 것은 단순한 심리적 현상이 아니라, 기압 변화와 햇빛의 감소로 인한 호르몬 불균형 때문입니다. 햇살이 줄어들면 세로토닌이 감소하고, 멜라토닌의 분비가 늘어나면서 우리는 더 쉽게 무기력감을 느낍니다. 인간은 이처럼 자연과 떼려야 뗄 수 없는 생리적 반응 속에 놓여 있습니다.

심장은 우리가 의식하지 않아도 박동하고, 폐는 스스로 호흡합니다. 자율신경계가 이 과정을 지휘하며, 우리는 그저 그 프로그램에 따라 살아갑니다. 사랑조차도 예외는 아닙니다. 첫인상에서 느끼는 호감과 사랑의 시작은 페닐에틸아민(PEA), 옥시토신, 도파민과 같은 화학물질이 빚어내는 반응입니다. 낭만적인 감정조차 결국은 생화학의 산물인 것입니다.

인간의 몸은 매 순간 교체와 재생을 거듭합니다. 피부세포는 약 한 달, 적혈구는 120일, 뼈세포는 수년에 걸쳐 새로 태어납니다. 그러나 이 과정에서 오류가 발생하기도 하며, 그 결과 악성 종양, 즉 암과 같은 질병이 생겨납니다. 과학은 이 질환을 정복하기 위해 부단히 도전해 왔지만, 아직 완벽한 해답을 얻지 못했습니다.

무엇보다도 인간에게는 피할 수 없는 노화의 프로그램이 새겨져 있습니다. 세포 분열의 횟수를 제한하는 텔로미어의 단축은 수명을 유한하게 만듭니다. 아무리 지혜와 재물, 권력을 가졌다 해도, 인간은 이 프로그램 앞에서 작아질 수밖에 없습니다.

그렇다면 우리는 어떻게 살아야 할까요?

길어진 수명을 손에 쥘 수는 없지만, 그 한정된 시간 속에서 어떻게 존재할지는 우리의 선택입니다. 신이 설계한 프로그램을 억지로 거스르려 하기보다, 그 사실을 인지하고 순응하며, 주어진 리듬 속에서 서로를 사랑하고 감사하는 마음으로 살아가는 것. 그것이 인간이 할 수 있는 최선일지도 모릅니다.

삶은 유한하기에 소중하고, 불완전하기에 더 깊은 의미를 가집니다. 결국 인간은 신이 남겨둔 프로그램 속에서 하루하루를 살아내며, 그 속에서 울고 웃고 사랑합니다. 그 길 위에서 우리가 할 수 있는 가장 지혜로운 선택은, 지금 이 순간을 기꺼이 누리고, 같은 리듬 속에서 살아가는 이들과 삶을 나누는 일일 것입니다.

수면, 멈춤과 다시 시작의 신비

인간의 삶에서 수면은 단순한 쉼이 아닙니다. 그것은 존재를 지켜내는 치유의 시간이자, 다시 시작하게 하는 신비의 순간입니다. 하루의 3분의 1을 차지하는 이 행위는 마치 보이지 않는 프로그램처럼 정교하게 설계되어 우리를 생명 속에 붙들어 둡니다.

잠에 들면 우리의 몸은 조용히 복구를 시작합니다. 손상된 세포가 회복되고 면역체계가 강화됩니다. 깊은 잠 속에서 분비되는 호르몬은 성장과 재생을 돕습니다. 수면이 부족할 때 우리는 쉽게 병에 걸리고, 마음 또한 약해집니다. 그렇기에 수면은 인간이 선택할 수 있는 단순한 휴식이 아니라, 생존을 위해 반드시 거쳐야 하는 조건입니다.

그러나 수면은 단순한 생리적 현상을 넘어섭니다. 만약 인간이 잠을 자지 않아도 된다면, 우리는 끝없는 욕망과 활동 속에서 스스로를 소진했을 것입니다. 수면은 인간에게 '멈춤'을 강제하는 장치이며, 절제를 가르치는 시간입니다. 신께서 인간에게 잠을 허락하셨다면, 그것은 인간의 무절제한 욕망을 잠시 끊어내고 다시 균형으로 돌아가게 하기 위함일지도 모릅니다. 낮 동안 쌓아 올린 탐욕과 집착은 밤이 되면 내려놓을 수밖에 없습니다. 이 순간, 삶은 비로소 균형을 되찾습니다.

저의 개인적인 경험 또한 이 사실을 말해 줍니다. 밤을 새우며 짜낸 아이디어는 다음 날 보면 허술하기 일쑤였습니다. 그러나 충분히 잠을 잔 뒤

떠오른 생각은 명료하고 창조적이었습니다. 과학 또한 이를 증명합니다. 수면은 뇌를 단순히 쉬게 하는 것이 아니라, 낮 동안 들어온 정보들을 정리하고 필요 없는 것들을 걸러내며 새로운 연관성을 만듭니다. 수면이야말로 생각의 질을 결정하는 필터이자 창조의 토양입니다.

또한 우리는 꿈을 꿉니다. 꿈은 여전히 풀리지 않은 수수께끼입니다. 좌뇌의 논리적 사고가 잠드는 동안, 무의식과 상상력의 창고인 우뇌가 움직이며 만들어낸다고 합니다. 꿈은 기억을 정리하는 과정일 수도 있고, 감정을 조율하는 장치일 수도 있습니다. 혹은 무의식이 언어로 건네는 은밀한 메시지일지도 모릅니다. 분명한 것은, 꿈이 수면의 신비를 더욱 깊고 풍요롭게 만든다는 사실입니다.

수면은 우리에게 절제와 순응을 가르칩니다. 모든 것을 움켜쥐고 앞으로만 나아가는 것이 삶의 전부가 아님을 일깨워 줍니다. 우리는 잠을 통해 내려놓고, 멈추고, 다시 시작하는 법을 배웁니다. 아침에 눈을 뜨는 순간, 그것은 단순한 반복이 아니라, "다시 시작할 수 있다"는 믿음이자 새로운 하루에 대한 감사입니다.

잠은 멈춤 속에서 우리를 다시 일으켜 세웁니다. 생물학적으로는 회복의 시간이고, 인문학적으로는 절제의 상징이며, 신학적으로는 인간의 욕망을 제어하는 섭리일 수 있습니다. 인간이 잠드는 순간 세상은 멈춘 듯 보이지만, 그 안에서 몸과 마음은 쉼 없는 치유와 창조의 작업을 이어 갑니다.

수면은 매일 우리에게 조용히 묻습니다.

"그대는 멈출 줄 아시는가? 그리고 다시 일어날 준비가 되셨는가?"

그 물음에 답하며 하루를 다시 시작하는 것, 그것이 인간의 삶입니다.

삶의 시간과 인연 그리고 사명

저희는 태어나면서부터 보이지 않는 계약을 맺습니다. 그것은 곧 삶이라는 이름으로 일정한 시간과 인연을 임대받는 일입니다. 이 임대에는 값이 따릅니다. 그 대가는 단순히 생존하는 것이 아니라, 신께서 바라시는 세상을 창조하는 도구로서의 역할을 다하는 것입니다. 그렇기에 인류의 역사는 곧 창조의 역사이며, 매 순간 세상은 인간이라는 매개체를 통하여 빠르게 진화해 왔습니다.

삶의 본질은 결국 세상을 신께서 보시기에 아름답게 성장시키는 것이라 하겠습니다. 한 알의 씨앗이 흙을 뚫고 싹을 틔우듯, 인간은 각자의 자리에서 땀을 흘리며 세상을 풍요롭게 가꾸어 왔습니다. 그러나 저희는 종종 이 도구의 자리에서 벗어나려 합니다. 창조를 위한 매개체의 길을 잊고, 세상을 소유하려는 욕망의 늪에 스스로 발을 들이밉니다.

인연이 저희에게 주어진 까닭은 분명합니다. 홀로서는 감당하지 못할 무게를, 여러 사람이 합심하여 나누라는 뜻입니다. 그러나 저희는 때때로 서로의 일을 존중하기보다 반목합니다. 신께서 마련하신 협력의 프로그램이, 인간의 지나친 욕망으로 인하여 충돌을 일으키는 것입니다. 마치 정교하게 짜인 코드 속에 버그가 끼어드는 것처럼 말입니다. 일정한 욕망은 분명 필요합니다. 그것은 진보와 성장의 원동력이 되기 때문입니다. 그러나 그 도를 넘어서면 세상을 파괴하는 불씨가 되고 맙니다.

그렇기에 저희는 하늘이 주신 시간과 인연의 사용 설명서를 잊지 말아야 합니다. 그 요점은 단순합니다. "열심히 일하되, 인연과의 관계에서는 서로를 존중하고 사랑하라." 이 원칙을 따를 때 비로소 저희의 삶은 신께서 보시기에 아름답게 완성될 것입니다.

객관적으로 보아도 역사는 이를 증명합니다. 협력과 존중으로 세운 문명은 오래도록 번영하였지만, 소유와 지배만을 좇던 사회는 언제나 붕괴하였습니다. 인간의 손이 닿는 모든 곳에는 창조와 파괴의 갈림길이 놓여 있습니다. 그리고 그 갈림길에서 무엇을 택할지는 오직 저희의 태도에 달려 있습니다.

삶은 한정된 수명의 시간 속에서 주어진 인연과 함께하는 여정입니다. 그 여정을 가장 신성하게 완주하는 방법은 거창한 것이 아닙니다. 오늘 맡은 일을 성실히 해내고, 곁의 인연을 존중하며, 서로를 사랑하는 것입니다. 그렇게 할 때 비로소 저희의 하루하루가 신의 프로그램 속에서 가장 조화롭게 작동하며, 삶은 그 자체로 창조의 일부가 됩니다.

그래서 오늘도 저는 인연 분들께, 가슴 깊은 곳에서 솟아오르는 빛과 같은 사랑의 인사를 드립니다. 그것은 마치 새벽의 첫 햇살이 어둠을 열어젖히듯, 서로의 존재를 따뜻하게 밝혀 주기를 바라는 마음에서 비롯된 인사입니다.

그리움의 선물

삶의 시간이 여므는 향내음에 취해 저는 오늘도 시간을 걷습니다. 때로는 발걸음이 무겁게 느껴지기도 하지만, 그 길 위에는 지나온 날들의 흔적이 은은한 향처럼 배어 있습니다. 그 향내음은 단순한 기억의 조각이 아니라, 우리 삶을 붙들어 주는 그리움의 울림입니다.

문득 다가오는 시귀처럼, "별이 진다고 그대를 잊은 적 없다"는 고백은 그리움의 본질을 말해 줍니다. 별은 아침이 오면 사라지지만, 우리는 결코 별의 존재를 잊지 않습니다. 사랑 또한 그렇습니다. 헤어진 인연, 먼 길로 떠나간 이들이라 할지라도, 그 흔적은 여전히 우리의 가슴 속에서 별빛처럼 반짝입니다.

그러나 그리움은 단지 과거의 인연만 머물게 하지 않습니다. 지금 곁에 있는 소중한 사람들과의 추억 또한 시간이 흐르면 그리움으로 바뀌어 갑니다. 젊은 날 웃고 울며 함께 빚어낸 순간들은 단순한 기억으로 머물지 않고, 세월이 흐르면서 숙성됩니다. 마치 포도주가 시간이 지날수록 깊은 맛을 내듯, 지금의 인연 속에서 피어난 추억은 그리움으로 무르익어 앞으로 더 큰 사랑의 토양이 됩니다.

삶의 가장 큰 선물은 바로 이 그리움일지 모릅니다. 칼릴 지브란은 "그리움은 사랑의 깊이를 증명하는 그림자다"라고 했습니다. 그리움은 단순히 지나간 시간을 아쉬워하는 감정이 아니라, 우리가 얼마나 깊이 사랑했는지를 증언하는 빛의 반대편입니다. 그것이 있기에 우리는 여전히 사랑할 수 있고, 더 큰 사랑을 준비할 수 있습니다.

세익스피어는 "기억은 사랑이 머무는 집"이라 했습니다. 그 집에는 헤어진 인연도, 지금 곁의 인연도, 그리고 앞으로 걸어갈 길 위의 사랑도 함께 머물러 있습니다. 그리움이라는 방 안에서 추억은 낡지 않고 오히려 더욱 깊어져 갑니다.

니체는 또 이렇게 말했습니다. "사랑하는 이는 영원히 그대의 일부로 남는다." 그렇습니다. 그리움 속에서 인연은 사라지지 않습니다. 과거의 사랑이든, 현재의 인연이든, 그것은 모두 나의 일부로 살아 있으며, 나를 더욱 성숙하게 하고 더 큰 사랑을 가능케 합니다.

그래서 저는 오늘도 그리움에 감사합니다. 그리움이 없다면 우리는 과거를 잃고, 사랑의 의미를 잊고, 삶의 결을 느낄 수 없을 것입니다. 그리움은 삶을 향기롭게 빛내는 가장 순수한 감정이자, 미래를 여는 힘입니다.

그리고 저는 그리움 속의 시간이 흘러도, 푸르름에 머무르고 있는 그대에게 사랑의 입맞춤을 전합니다. 지금 곁에 있는 인연도, 언젠가 먼 훗날에는 그리움으로 다시 불러내게 될 것입니다. 그러나 그 숙성된 그리움은 또 다시 새로운 사랑을 낳고, 더 깊은 이해와 더 큰 포용으로 이어질 것입니다.

삶은 결국 향내음 속의 그리움으로 이어진 길. 그 길을 걷는 우리는, 지나간 인연과 현재의 인연을 함께 품어 더 큰 사랑을 빚어내며 내일로 나아갑니다. 우리 삶의 역사는 곧 그리움입니다.

"당신의 지나온 삶이 그리움 되어 늘 설레임 지으시길."

시간 위에 새겨지는 사랑의 울림

사랑한다는 것은 단순히 마음이 두근거리는 일이 아닙니다. 그것은 시간 위에 남겨지는 가장 따뜻한 흔적이며, 존재가 사라진 뒤에도 한동안 이어지는 잔향과도 같습니다. 우리는 모두 언젠가 이 세상에서 걸음을 멈추게 됩니다. 심장은 언젠가는 마지막 박동을 남기고 조용히 멈출 것입니다. 그러나 그 멈춤이 곧 삶의 끝을 뜻하지는 않습니다. 사랑은 그 이후에도 남아, 누군가의 기억 속에서, 또 우리가 남긴 말과 행동 속에서 계속 살아 움직입니다.

시간은 언제나 흐르고, 그 흐름은 우리를 조금씩 지워 갑니다. 그러나 역설적으로 바로 그 유한함이 우리를 더욱 뜨겁게 만듭니다. 오늘이 지나면 다시 돌아오지 않기에, 우리는 오늘을 더욱 간절히 붙듭니다. 사랑의 설렘이란 바로 그 간절함에서 태어납니다. 마치 짧은 불꽃놀이가 한순간 밤하늘을 환히 밝히듯, 짧음은 곧 빛남의 조건이 됩니다.

저는 지금, 그대를 마음으로 만집니다. 그대가 제 곁에 계시지 않다 하여도, 저는 그대의 숨결과 온기를 떠올리며 그 부재마저 하나의 존재로 껴안습니다. 인문학자들이 말하듯, 인간의 기억은 단순한 저장고가 아닙니다. 그것은 감각과 감정, 의미가 엮여 살아 움직이는 또 하나의 세계입니다. 그렇기에 그대를 떠올릴 때마다, 저는 마치 그대를 손끝으로 스치는 듯한 생생함을 느낍니다. 기억 속의 만짐이 실제 만짐보다 덜 진실하다고 누가 말할 수 있겠습니까.

사랑은 결국, 우리가 이 땅에 잠시 머물렀음을 증명하는 가장 온전한 기록입니다. 언젠가 우리의 이름이 바람에 흩날려 잊히더라도, 우리가 남긴 사랑은 어딘가에 파문처럼 번져 누군가의 삶을 어루만질 것입니다. 그것이 사랑이 지닌 신비이자 인간 존재의 가장 큰 선물입니다.

그러므로 저는 다짐합니다.
세상을 향해 마음껏 사랑하리라.
시간을 향해 끝없이 설레이리라.
그리고 지금 이 순간, 그대를 마음으로 만지리라.

이 다짐은 단순한 감정의 고백이 아닙니다. 그것은 시간과 기억, 그리고 존재가 허락한 가장 아름다운 진실이기 때문입니다.

공익과 사랑, 그리고 인간성 회복이 이루는 창조적 성장의 길

인류의 역사를 들여다보면 정치와 권력은 언제나 중심 무대에 있었습니다. 왕조의 교체, 제국의 전쟁, 근대의 혁명, 그리고 오늘날의 선거와 여론전까지 그 배경에는 늘 사익을 둘러싼 다툼이 존재하였습니다. 표면적으로는 국민과 공동체를 위한다고 말했지만 실제로는 권력 유지와 이해관계가 더 큰 동력이 되어왔습니다.

객관적 사실은 이를 뒷받침합니다. OECD의 정부 신뢰 보고서에 따르면 정치 제도에 대한 신뢰가 낮은 사회일수록 불평등 지수와 사회적 갈등 수준이 동시에 높게 나타났습니다. 신뢰가 무너진 사회는 곧 갈등의 소용돌이에 빠지며, 시민들은 점차 공동체에서 멀어져 갔습니다.

그렇다면 우리가 추구해야 할 기준은 무엇이겠습니까? 그것은 바로 공익과 사랑입니다. 공익은 모두의 이익을 함께 도모하는 가치이고, 사랑은 인간을 인간답게 하는 본질적 힘입니다. 누가 더 권력을 차지하는가가 아니라 누가 더 사랑할 수 있는가가 기준이 될 때 사회는 진정으로 건강해집니다.

역사 속에도 이러한 전환의 순간이 있었습니다. 마틴 루터 킹 목사가 외쳤던 "나는 꿈이 있습니다"라는 선언은 단순히 흑백의 권력 재편이 아니라 존엄과 인간성 회복을 향한 사랑의 호소였습니다. 넬슨 만델라 전 대통령은 27년의 수감 생활 끝에도 증오가 아닌 화해와 용서를 선택하였고, 그 선택은 남아프리카공화국을 새로운 길로 이끌었습니다. 이 사례들은 정치적 수사 이상의 울림을 지니며, 인간이 본래 지닌 사랑과 공익의 힘이 역사를 바꿀 수 있음을 증명합니다.

그러나 우리는 또 다른 사실을 직시해야 합니다. 공익과 사랑은 결코 성장을 외면하는 것이 아님을 말입니다. 진정한 공익은 모두가 함께 성장하는 토양에서만 가능합니다. 경제학자 아마르티아 센이 강조한 역량(capability) 이론은 인간이 자신의 가능성을 실현할 수 있는 자유와 조건이 보장될 때 비로소 공동체가 공익을 누릴 수 있다고 설명합니다. 따라서 오늘날의 성장은 더 이상 제로섬 게임이어서는 안 됩니다. 뺏고 빼앗기는 경쟁이 아니라 창조적 협력의 장으로 나아가야 합니다. 인공지능, 친환경 에너지, 바이오 기술 등 최첨단 과학기술은 특정 집단의 독점물이 아니라 인류 모두의 미래를 위한 자산이 되어야 합니다. 서로의 발전을 응원하고 성과를 나누는 사회, 그 속에서 과학은 사랑을 담는 도구가 되고 기술은 공익을 확장하는 수단이 됩니다.

이러한 길이 바로 인간성 회복의 길이기도 합니다. 현대 사회는 과도한 경쟁과 비교 속에서 사람들을 고립시키고 인간을 효율과 성과의 도구로 전락시키는 경우가 많았습니다. 그러나 하버드대학교의 75년 장기 연구는 분명한 사실을 보여주었습니다. 인간의 행복을 결정짓는 가장 중요한 요소는 부나 권력이 아니라 따뜻한 관계와 사랑이었습니다. 사회적 신뢰가 높을수록 건강 지표와 경제 지표 모두가 상승한다는 연구도 이를 뒷받침합니다.

결국 우리가 지향해야 할 사회는 공익을 중심 가치로 두고, 사랑으로 서로를 품으며, 과학기술을 바탕으로 창조적 성장을 이루고 그 과정에서 인간성을 회복하는 사회입니다. 이것이야말로 하느님께서 보시기에 아름다운 세상일 것입니다. 서로의 발전을 응원하고 성과를 나누며 따스한 인간성으로 연결된 사회, 그 속에서 우리는 비로소 진리와 사랑, 성장과 회복이 어우러지는 길을 걸어갈 수 있을 것입니다.

사랑을 물들이는 계절, 가을

가을은 흔히 한 해의 세 번째 계절이자 추수를 상징하는 시기로 불립니다. 그러나 우리가 가을을 좋아하는 이유는 단순히 들판이 풍요로워지는 풍경 때문만은 아닙니다. 초록의 옷을 입었던 자연이 서서히 노랑과 빨강, 갈색으로 갈아입으며 우리에게 보여주는 빛깔의 향연 때문입니다. 초록이 감추어왔던 색채가 하나둘 드러나듯, 가을은 각기 다른 빛깔이 서로의 다름을 인정하며 조화를 이루는 계절입니다. 그것은 마치 사랑이 지닌 본질과도 같습니다. 서로의 차이를 껴안고, 그 다름 속에서 더 큰 아름다움을 발견하는 일 말입니다.

나무들은 가을에 이르러 더 이상 자신의 푸르름을 고집하지 않습니다. 대신 마음속 깊이 간직했던 색을 꺼내어 세상에 내어놓습니다. 이 변화는 마치 사람이 살아가며 차곡차곡 쌓아온 기억과 감정을 드러내는 순간과도 닮아 있습니다. 평소에는 보이지 않던 진심과 따뜻한 마음이, 가을의 바람을 타고 은은히 흘러나옵니다. 그래서 우리는 가을이 되면 조금 더 진솔해지고, 조금 더 부드러워집니다.

사람들은 흔히 가을을 '사색의 계절'이라 부릅니다. 실제로 밤이 길어지고 공기가 차가워질수록, 인간은 외부의 소란보다 내면의 울림에 더 귀 기울이게 됩니다. 여름의 분주함을 돌아보고, 다가올 겨울을 준비하며, 현재의 순간을 깊이 음미하게 되는 것이지요. 이때 우리는 자연스레 걸음을 늦추고, 바쁜 일상 속에서도 서로의 존재를 다시 바라봅니다. 곁에 있는 이들을 가만히 안아 주고 싶어지는 마음은, 가을이 주는 가장 따뜻한 선물입니다.

이렇듯 가을은 우리에게 사랑을 일깨워주는 계절입니다. 그것은 단순히 연인 간의 사랑을 넘어섭니다. 친구와 가족, 그리고 때로는 아직 낯선 인연에게까지 따뜻함을 건네고 싶은 마음이 커집니다. 나무가 잎을 내어주듯, 우리는 마음의 온기를 내어주며 서로를 채우게 됩니다. 그래서 가을은 단절이 아닌 연결의 계절, 헤어짐이 아닌 포옹의 계절로 다가옵니다.

여기에는 더 깊은 의미가 숨어 있습니다. 신은 우리를 세상에 보낼 때, 각기 다른 능력과 성격을 부여하셨습니다. 세상은 본래 다양성이 어우러질 때 가장 큰 조화를 이루도록 설계된 것입니다. 그러나 젊음의 푸르름 속에서는 우리는 이를 인정하지 못하고, 종종 획일화된 기준 속에서 경쟁하며 살아갑니다. 그러다 시간이 흘러 가을의 문턱에 들어서야 비로소 깨닫습니다. 서로의 다름이야말로 소중함의 근원이며, 그 다름을 통해 비로소 우리는 온전해질 수 있다는 사실을 말입니다. 그래서 가을은 우리에게 상대의 소중함을 일깨워주는 사랑스러운 계절이 됩니다.

저는 그래서 가을이 좋습니다. 이 계절은 우리에게 “서로를 안을 수 있는 시간”을 허락하기 때문입니다. 잎이 지는 순간조차 아름다운 것은 그것이 끝이 아니라 새로운 순환의 시작임을 알기 때문입니다. 가을은 우리에게 다름의 조화가 사랑이 되고, 멈춤 속의 고요가 따뜻한 울림이 된다는 사실을 알려줍니다.

결국 가을은 풍경이 아니라 마음의 계절입니다. 자연이 색을 바꾸듯, 우리 또한 마음의 옷을 갈아입습니다. 그 옷은 화려하지 않아도 괜찮습니다. 다만 서로를 포근히 감싸 안을 수 있는 색이라면 충분합니다. 그렇게 우리는 가을 속에서 사랑을 배우고, 사랑을 나누며, 사랑을 살아가게 됩니다.

"우리로" 전해지는 빛과 온기

세상은 늘 고요한 속삭임 속에서 시작됩니다. 하지만 그 고요 속에서도, 인간은 언제나 서로를 느끼고, 함께 살아가기를 갈망합니다. 그 마음이 바로 '우리'입니다. 우리라는 마음은 마치 잔잔한 호수에 떨어진 빗방울처럼, 보이지는 않지만 파문을 만들어 세상을 조금씩 흔듭니다. 그 파문은 결국 물결이 되어 우리의 주변을 부드럽게 감싸고, 삶의 가장 작은 틈까지 스며들어 온기를 전합니다.

심리학 연구에 따르면, 인간은 사회적 연결 속에서 안정과 행복을 느끼며, 관계 속에서 얻는 소속감과 신뢰가 개인의 마음과 몸을 건강하게 지탱한다고 합니다. 다시 말해, '우리'라는 마음은 단순한 감정이 아니라, 인간 존재를 움직이는 근본적인 힘입니다. 하지만 마음만으로는 충분치 않습니다. 마음이 물결을 일으키려면 손과 발이라는 행동의 돛이 필요합니다.

'우리로'의 행동은 마음속 파문을 현실의 빛으로 바꾸는 과정입니다. 한 사람의 작은 친절이, 이웃에게 전달되고, 그 이웃의 선행이 다시 다른 이에게 이어지며, 눈에 보이지 않는 선의의 사슬이 만들어집니다. 과학적 연구에서도 밝혀진 바와 같이, 인간은 타인을 도울 때 뇌 속 보상 회로가 활성화되고, 옥시토신과 같은 호르몬이 분비되어 행복과 안정감을 느낍니다. 마음속에서 시작된 '우리'는 이렇게 행동을 통해 몸과 세상을 밝히는 빛으로 전환됩니다.

우리의 행동은 나비의 날갯짓과 같습니다. 작고 사소해 보이지만, 그 작은 날갯짓이 먼 곳의 바람을 바꾸듯, 우리의 친절과 배려도 멀리까지 이어집니다. 예를 들어, 한 지역에서 시작된 작은 쓰레기 줍기 운동이 도시 전체의 환경을 깨끗하게 만들거나, 한 사람의 따뜻한 말 한마디가 주변 사람들에게 연쇄적 선행으로 퍼지는 일들은, 인간의 마음과 행동이 만들어내는 놀라운 선순환을 보여줍니다.

'우리로'의 실천은 결과보다 과정 자체에 더 큰 의미가 있습니다. 행동이 마음의 빛을 담아 세상 속으로 퍼질 때, 우리는 눈에 보이지 않는 따스함을 느낄 수 있습니다. 그것은 손과 발을 움직이는 순간마다 생기는 작은 불꽃처럼, 우리 자신과 주변을 조금씩 밝혀 줍니다. 그 빛은 화려하지 않아도 좋습니다. 햇살이 숲 속 나뭇잎 사이로 스며들듯, 은은하게 마음과 마음 사이를 따스하게 감싸 주면 충분합니다.

인류의 역사 속에서도, 마음에서 행동으로 이어진 작은 파동이 세상을 바꾼 사례는 많습니다. 자선과 봉사, 공동체의 연대, 환경을 지키는 실천 등은 모두 '우리'에서 시작하여 '우리로' 이어진 결과입니다. 그것은 단순한 선행을 넘어, 인간 존재가 세상을 향해 보내는 가장 따스한 신호입니다. 우리가 서로를 향해 마음을 열고, 손을 내밀고, 발걸음을 옮길 때, 그 신호는 거대한 파도처럼 퍼져 세상을 밝히고, 무심한 세상 속에 희망의 흔적을 남깁니다.

오늘도 마음속에서 '우리'를 느끼시길 바랍니다. 그리고 그 마음을 손과 발로 옮겨 '우리로' 행동하시길 바랍니다. 그 길 위에서 퍼지는 작은 친절과 배려, 서로를 향한 신뢰와 연대가 모여, 세상을 조금 더 밝게 하고 따스하게 만들 것입니다. 우리가 만드는 빛은 거창하거나 눈에 띄지 않아도 좋습니다. 달빛처럼 은은하게, 아침 햇살처럼 부드럽게, 그리고 오래도록 이어지는 온기로 충분합니다.

'우리'에서 시작된 마음이 '우리로' 이어질 때, 세상은 조용히, 그러나 확실히 변합니다. 보이지 않는 파문이 물결이 되고, 작은 불꽃이 빛이 되어, 결국 인간과 세상을 감싸는 커다란 따스함으로 이어집니다. 우리의 마음과 행동이 만드는 이 빛의 연속 속에서, 인간은 서로의 온기를 느끼며, 세상이 조금 더 밝고 따뜻하게 이어지도록 함께 걸어갈 수 있습니다.

오늘, 마음속 '우리'의 씨앗을 행동으로 심으십시오. 손과 발로 옮겨진 작은 친절은 언젠가 큰 빛이 되어, 세상을 따스하게 밝히는 등불이 될 것입니다. 그 등불 속에서 우리는 서로의 온기를 느끼며, 세상이 조금 더 밝고 따뜻하게 이어지도록 함께 걸어갈 수 있습니다.

다시 우리로 돌아오는 길

모든 길에는 시작이 있고, 모든 시작에는 마음이 있습니다. 프롤로그에서 느꼈던 첫 설렘, 작지만 조심스러운 발걸음, 내 안을 걷던 작은 불빛은 오늘의 저를 있게 한 근원이었습니다. 그 발자국들은 세상을 향한 다리 위를 지나, 사랑과 연대, 그리고 시간의 강을 건너며, 수많은 인연과 경험 속에서 조금씩 쌓이고 흔들리며 다듬어졌습니다.

저는 알게 됩니다. 우리 각자가 걸어온 길은 다 다르지만, 결국 모든 발자국은 한 지점으로 이어진다는 것을. 사랑하고, 함께하고, 도전하며 배운 모든 순간은 다시 "우리"라는 이름으로 모이게 됩니다. 혼자인 듯 걸어온 시간도, 외로움 속에서 마주한 나 자신도, 함께한 사람들과의 울림도, 결국 이 길 위에서 하나의 노래가 되어 합쳐집니다.

우리로 돌아오는 길은 화려하지 않습니다. 하지만 그 길에는 마음의 흔적이 남아 있습니다. 작은 손길, 잠시 나눈 눈빛, 서로를 이해하며 쌓아온 시간의 무게, 이 모든 것들이 발걸음을 인도합니다. 길을 걸을 때마다 저는 깨닫습니다. 내가 경험한 모든 사랑과 도전, 실수와 성취, 그리고 지나온 인연은 나만의 것이 아니라, 우리 모두를 이어주는 실과 같다는 것을.

이 길은 또한 새로운 시작이기도 합니다. 우리가 다시 우리로 모이는 순간, 다시금 서로를 바라보고 마음을 나누며, 처음 프롤로그에서 느낀 설렘과 기대가 재생됩니다. 그러나 이번에는 더 깊고 단단합니다. 경험과 시간을 통해 다져진 마음이기에, 우리는 서로의 빛을 더 잘 알아보고, 서로의 발걸음을 더 느낄 수 있습니다.

그래서 저는 오늘도 조용히 걸어갑니다. 내 안의 작은 불빛을 품고, 사랑과 인연을 기억하며, 다시 우리로 돌아오는 길 위에서 마음을 다해 노래합니다. 그 노래는 단순히 과거를 되새기는 것이 아니라, 우리라는 이름 아래 다시 모인 모든 순간과 사람들에게 바치는 축복입니다.

결국 모든 길은 우리에게 돌아옵니다. 내 안에서 시작된 작은 설렘이, 타인과 세상을 거쳐, 다시 우리라는 이름으로 합쳐지는 순간, 삶은 비로소 완전한 원형을 이루게 됩니다. 그리고 저는 믿습니다. 우리가 함께 걷는 이 길 위에서, 우리 모두의 발자국이 서로에게 닿으며, 또다시 새로운 시작으로 이어지리라는 것을...

그래서 저는 읊조립니다. 삶을 짓는 최고 '시'어는 "우리로" 라고…

12월의 눈길

12월, 첫눈이 내린 아침, 세상은 온통 하얀 눈꽃으로 뒤덮입니다. 눈송이가 천천히 떨어져 쌓일 때마다, 저는 한 해를 되돌아보며 마음을 정리합니다. 길 위에 쌓인 눈은 지난 시간의 흔적처럼 부드럽게 덮여, 지난날들의 기억을 온화하게 감싸 줍니다.

한 해 동안 스쳐간 인연과 사랑이 떠오릅니다. 함께 웃고, 함께 울며 지나온 순간들, 잠시 멈춰 서서 나눈 따스한 말들. 그 모든 기억은 마음속에서 눈꽃처럼 섬세하게 내려앉아, 저를 지탱하고 삶의 온기를 느끼게 합니다.

찬바람 속에서도 저는 한 해의 마음을 정리합니다. 놓쳤던 말들, 부족했던 마음, 그러나 소중히 간직한 따스함까지, 모든 것이 저를 더 단단하게 만들었습니다. 눈꽃 사이로 흐르는 마음의 온기 속에서, 저는 지나간 사람들에게 감사와 안부를 전하고 싶은 마음을 느낍니다.

12월의 하늘은 차갑지만, 눈꽃 속에서 반짝이는 빛은 따뜻합니다. 지나간 사랑과 우정, 그리고 소중한 인연들은 눈 속에서 부드럽게 빛나며, 저에게 삶의 의미와 희망을 일깨웁니다. 한 해의 끝자락에서 저는 조용히 다짐합니다. 마음속 깊이 감사와 사랑을 담고, 새로운 계절과 시간에 맞서 한 걸음 나아가겠다고...

눈송이가 흩날리는 길 위에서, 저는 잠시 멈춰 서서 한 해를 되새깁니다.

수많은 인연과 사랑, 그리고 제 마음의 결실을 떠올리며, 조용히 인사를 건넵니다. "고맙습니다, 그리고 안녕." 그 속에서 저는 또 한 번 마음을 다잡고, 새해의 가능성과 따스함을 향해 나아갑니다.

12월의 눈길 위에서 저는 오늘도, 사랑과 인연을 마음에 새기며 한 해를 마무리합니다. 눈꽃 사이로 흐르는 마음과 기억들은 조용히 빛나며, 저를 지탱하는 따스한 힘이 됩니다. 한 해의 끝에서도, 저는 흔들리지 않는 마음으로 내일을 맞이합니다.

에필로그

삶은 늘 불완전하고,
사랑은 언제나 미완의 설렘으로 다가옵니다.

그러나 우리는 그 불안 속에서 다시 시작하고,
그리움 속에서 다시 살아갑니다.
이 책에 담긴 기록들이 언젠가 당신의 길 위에
작은 위로와 빛으로 남기를 바랍니다.

“우리로 전해지는 빛과 온기”처럼,
우리가 나누는 이야기는 언젠가
또 다른 인연의 시작이 될 것입니다.

시간에게 전하는 고백

저　자 표 진 구
발행일 2025. 10. 21
출판사 도서출판 애플북
ISBN 979-11-24103-00-5 (03810)
발행처 도서출판 애플북